爸妈老了 我也老了

写给你的父母养老指南

[美] 米里亚姆·K.阿伦森
玛塞拉·巴库尔·韦纳 著
陈易佳 余慧明 译

上海科学技术文献出版社
Shanghai Scientific and Technological Literature Press

图书在版编目（CIP）数据

爸妈老了，我也老了：写给你的父母养老指南／（美）米里亚姆·K.阿伦森，（美）玛塞拉·巴库尔·韦纳著；陈易佳，余慧明译.—上海：上海科学技术文献出版社，2022
ISBN 978-7-5439-8591-9

Ⅰ.①爸… Ⅱ.①米…②玛…③陈…④余… Ⅲ.①养老—问题—研究 Ⅳ.① C913.6

中国版本图书馆 CIP 数据核字（2022）第 109070 号

Aging Parents, Aging Children: How to Stay Sane and Survive

Copyright © 2007 by Rowman & Littlefield Publisher, Inc.

Published by agreement with the Rowman & Littlefield Publishing Group through the Chinese Connection Agency, a division of Beijing XinGuangCanLan ShuKan Distribution Company Ltd., a.k.a Sino-Star.

Copyright in the Chinese language translation (simplified character rights only) © 2022 Shanghai Scientific and Technological Literature Press

All Rights Reserved
版权所有，翻印必究

图字：09-2021-0698

责任编辑：苏密娅　　　封面设计：留白文化

爸妈老了，我也老了：写给你的父母养老指南
BAMA LAOLE, WO YE LAOLE: XIEGEI NIDE FUMU YANGLAO ZHINAN
[美]米里亚姆·K.阿伦森　玛塞拉·巴库尔·韦纳　著　陈易佳　余慧明　译
出版发行：上海科学技术文献出版社
地　　址：上海市长乐路 746 号
邮政编码：200040
经　　销：全国新华书店
印　　刷：商务印书馆上海印刷有限公司
开　　本：880mm×1230mm　1/32
印　　张：6.875
字　　数：163 000
版　　次：2022 年 7 月第 1 版　2022 年 7 月第 1 次印刷
书　　号：ISBN 978-7-5439-8591-9
定　　价：68.00 元
http://www.sstlp.com

献给我的儿孙们,你们是我生活充实及快乐的源泉。

——米里亚姆·K.阿伦森

致我的丈夫威廉,你照亮了我老去的时光。

——玛塞拉·巴库尔·韦纳

contents 目录

序　加里·J.肯尼迪　博士　·001
引言　·001
致谢　·001

第一章　上有老、下有小的"三明治"人生　·001
第二章　观念、信念和个性特质　·016
第三章　家庭万花筒：或亲或疏的家庭　·037
第四章　聚焦问题　·049
第五章　规划：制订蓝图　·069
第六章　钱、钱、钱　·088
第七章　阿尔茨海默病　·098
第八章　安置之路　·118
第九章　当你的父母难以对付时　·138
第十章　日常生活中的情绪　·157
第十一章　关心作为护理者的你　·172
第十二章　解开谜团的入门读本　·189

关于作者　·198

Preface 序

在《爸妈老了，我也老了》一书中，阿伦森和韦纳博士为我们展示了在面对养老问题时，不同家庭中的众生百态。在这些真实的"家庭伦理剧"中，人物类型多种多样，从善良讨喜的到不招人待见的，一应俱全。全书围绕"代际悖论"这一主题而展开：表面上似乎独立自主的老年父母和他们正在老去的孩子间那种相互依赖、相互依存的关系。毫无疑问，在"独立性"被不断重新定义的今天，如何在进入老年后继续保持某种独立性，对于每个家庭来说，都是一个日益凸显的问题。今天，一个80多岁的老人可能有60多岁的子女、40多岁的孙辈和20多岁的曾孙。因此，从最年长的家庭成员那里汲取的经验和教训将在未来几代人中产生回响。这不仅会塑造我们个人对于老年生活的期望，也会对社会和医疗政策产生巨大的影响。社会老龄化程度如此之深，是近年才出现的新现象。所以，身在其中我们理应得到一些指引，而不是只能不断地临场发挥、被动应对，而这正是《爸妈老了，我也老了——写给你的父母养老指南》一书作出贡献的地方。

作者指出，有许多子女（即使大多数）其实已经在富于创造性地、尽其所能地应对父母的养老挑战了。他们的行动给了作者许多的启发和帮助。然而，即使是最"孝顺"的子女，他们的能力和资源在面对年迈父母的需求和偏好时，也难免会显得顾此失彼、捉襟见肘。作者在书中用一个个真实的案例和生动的场景为我们还原了这个矛盾。书中还用了一个特别恰当的比喻来形容中年女性的处境：她们一边要满足来自父母的、不依不饶的要求，一边又要面对自己和孩子们无时不在的需求，仿佛一个人形"花生酱和果冻三明治"。作者对此的建议是：不要做软塌塌没筋骨的果冻，总是屈从于父母的无理要求，而是要像花生酱一样，牢牢地坚持（stick to）自己的需求。

这并不是倡导子女们应该变得"自私"一些。与之相反，作者的意思是：作为护理者的子女们应该通过拓展技能以及更加灵活多变地应对养老问题（本书的大多数章节都聚焦于此），而不是单凭一个"忍"字来苦苦支撑。本书还探讨了护理者的各种心路历程，比如当父母进入养老院时，子女们那不可避免的内疚感；当父母十分顽固、因为不愿放弃一小部分自主权而几乎丧失全部独立性时，子女们所感受到的愤怒。同时，作者也以幽默和感性的口吻讨论了护理父母时的满足感和挑战性。

本书的第一章侧重于讲述家庭、护理者和老年人的多样性，强调随着年龄的增长，健康和活力将不可避免地下降。这一章还探讨了女性在护理者中的主导地位，以及她们同时作为成人和儿童照顾者的宝贵价值，对她们不论是具普遍性或特殊性的贡献表示了赞赏。

第二章探讨了影响护理过程的几个重要因素：个人的观念、信念和个性特质。接下来，作者把目光投向了那些经历了两次或三次婚姻的家庭，讨论了重组家庭的关系——随着人类活跃寿命的持续增长，类似这样的家庭数量将会增多，相应的问题也需要得到关注。然后，作者探讨了性格对于护理过程的影响，如果匹配得好，这将有利于减少冲突并加强家庭成员间的连接。这一章的最后，讨论的话题是晚年的病痛和临终关怀，包括姑息治疗服务等，这对于那些对此不甚了解的患者和家庭护理者来说，尤其重要。

第三章讨论了家庭互动和家庭结构的多样性，关注了新的家庭传统和现实；同时也讨论了和谐抑或是不和谐的、竞争型的与团队合作型的家庭关系。

第四章敦促子女们认真审视和评估父母的健康情况：从急性的疾病到慢性的病痛，无论是精神上的还是身体上的。这一评估过程可以使护理需求和寻求帮助的途径变得更加明确——本书的大部分篇幅都用通俗易懂的语言对此进行了描述。作者强调需要用长远的眼光来做规划,并揭露了一个事实:大多数老年妇女处于独居状态。

第五章以评估过程为基础,强调从家庭成员之间的公开对话开始,着手制订护理计划这项重要的工作。家庭会议的结果将是承认差异以及权力和责任的下放。在这里,两位作者提醒读者要为可预见的突发状况做好计划,因为如果事先有所准备,事态就不容易发展到失控的地步。这里强调了要注意安排好父母交通、靠近子女居住等务实细节;也强调了按需要修改计划的必要性。

第六章描述了独立性下降对于父母财务状况的影响,及其背后的一些危机预防机制,以避免出现父母需要用钱时却无法自由支配的困境。在保证父母资产可为其福祉所用方面,有一系列具体的法律程序,足以单独成书讨论,并非本书的重点。作者希望提醒子女(护理者)的是资产管理的重要性,因为养老的时长、失去独立性的程度都可能会超过老人(被护理者)自身的预期。

第七章简要概述了护理者和抑郁症,以及随着阿尔茨海默病的流行而出现的新的护理设施和护理安排。和前文一样,此处的阐述以启发为主而不是详尽无遗的介绍，旨在给予护理者一个正确的方向。

第八章带领读者游历了"安置之路"，安置意味着让老年人移居到养老院等机构生活。从决定搬离老人的住所到访问养老院，以及如何选择养老院的要点等，作者都提供了宝贵的见解和建议。同时，他们也指出：安置到养老机构固然可以解决一些问题，但也可能会带来新的问题。

第九章简要论述了那些处于罕见困境中的父母，其中一些处境是极其艰难的。作者对这些老人们表达了极高的敬意。书中提醒道，作为护理者的子女们，有可能倾尽全力却仍达不到预期的结果。但对许多人来说，这依然是一种有益的奉献行为。

第十章涵盖了护理过程中可能引发的一系列情绪反应。情绪反应可能是自动产生的，甚至是无意识的，但这些情绪带来的后果却具有不确定性。理解与护理角色相关的负面情绪，以及这些负面情绪的共性，将有助于减少这其中的痛苦。作者分享了一个案例，讲述的是患有老年失智症的父母离世后，他们的子女在护理过程中的心路历程。

第十一章旨在为护理者提供对自我的洞察以及恢复个人平衡的技巧。这样做的结果并非是要"付出更少的照料"，而是要"提供更好的照料"。

最后，第十二章是综合各章精华的总结。

《爸妈老了，我也老了——写给你的父母养老指南》并不是给养老护理者们的一部百科全书，也不是在他们被弄得焦头烂额时的自助手册。相反，它是为面临护理挑战的普通人而写的。大多数人通过利用手头的资源可以在一定程度上应付养老挑战，但如果你读过阿伦森和韦纳博士的经验之谈后，你将会做得更好。

加里·J.肯尼迪　博士
阿尔伯特·爱因斯坦医学院蒙蒂菲奥里医疗中心
老年精神病科主任

Introduction 引言

今天的老年人数量比人类历史上的任何一个时期都要多。65岁以上的人口以每天5000人的速度增长。医疗和科技的进步带来了老龄人口的飞涨，也对我们整个社会的经济、社交、政治和个人提出了诸多挑战。

老去是一个自然的、充满不确定性且因人而异的过程。衰老的过程很大程度上不可避免地伴随着疾病。然而老人的状态可能差异巨大，从社会名流到完全没有自理能力的老人，不一而足。他们的需求自然也就迥异。对于那些连日常生活都无法自理的老人，家人是他们最重要的依靠。

据统计，美国约有4400万人为自己老去的家人或亲属提供护理服务。他们构成了老龄护理体系的基础。如果将这些护理工作交由护工的话，每年需支出的费用将高达2500亿美元，超过了全美医疗支出的20%。而随着人口老龄化的不断推进，这一惊人的数字只会更加大幅地增长。

谁是这些老去的家人们的护理英雄？是你。拖家带口,一肩扛着职业发展、一肩担着经济压力的你。你现在所面临的各种压力远远超过了你的父辈同期。曾经你也考虑过父母养老的问题,但你总是觉得那是以后的事情,大概可以先放一放。但是时间过得总比你想象得快,摊在你面前的将是杂乱无章的困境、两难的选择,以及极少的可供学习的信息与案例。

所以,这本书是写给你的。我们希望这本书可以帮你了解在养老领域,你将要面临的挑战有哪些。当你陷入上有老、下有小的"三明治"状态时,会很容易忽略自己的情绪和需求。我们希望可以提醒你保持平衡——如何在照顾他人和关爱自己之间找到一个平衡点。这之中的关键是要事先制订一些规则,以适应你和老人不同的理念、偏好、个性、生活方式和需求。

这本书中的许多内容来自我们收集的案例,为了保护隐私,一些细节有所修改。也许这些例子并不完全符合你的处境,但我们希望可以让你从中得到一些启发,知道自己并不孤单,而且有地方可以寻求帮助。最理想的结果是,通过阅读本书,一方面能增进你对自己的关爱;另一方面也能让你获得实用的信息,找到自己的最优选择。

照顾老人的经历会带来许多的压力和挫败感,但也并不总是负面的。如果你能找到一个健康的、正确的方法，你就能在顾及老人的需求的同时，兼顾自己的需要。我们希望你能把它看成一个正面的学习经历，这会让你在自己老去时容易许多。

经历过养老护理的人常常会发现，他们的时间管理能力、理财能力、人际交往能力以及最重要的——照顾自己的能力都得到了意想不到的提升。在学习使用各种系统和服务的过程中，在处理各种矛盾和情绪的过程中，他们发现自己和父母、同胞、伴侣、子女或其他亲戚之间的关系都得到了改善。

所以，当你阅读本书时，请带着开放的心态。也许没有一个案例完全适合你，也许你能在多个案例中找到自己的影子。无论怎样，我们希望你能在本书中同时获得有价值的信息、自信心、同理心以及希望，对你当下或者老去时的处境有所帮助。

免责声明：为了保护个人隐私，书中所涉姓名和部分信息有所修改。

Thanks 致谢

最诚挚地感谢这些年来与我们分享养老故事的家庭。他们的经历、困惑、挣扎和成功之道，以及在养老过程中所展示出来的勇气和毅力，对我们启示良多。

献给我们的家人、朋友和同事。感谢他们鼓励我们写出这本书，并给我们提出宝贵的建议。

献给乔伊斯·瓦济斯，如果没有你在计算机方面的专业支持和热情鼓励，我们不可能完成这本书稿。

第一章
上有老、下有小的「三明治」人生

> 老去就像是坐在一架穿行在暴风雨中的飞机中。一旦你坐进去了，就无力再改变些什么了。
>
> ——高达·米尔（Golda Meir）

老龄化时代已经到来。毋庸置疑，每个人都在老去。"婴儿潮"早已不再是一个热门话题，取而代之的，是"老人潮"。电视广告不再用"百岁老人"来作为宣传噱头，人口统计学者开始给超过110岁的人赋予一个新的专业名词——"超级百岁老人"，想想看，这些老人们的生命跨越了三个世纪，多么令人惊叹！

"三明治"一代

在过去几十年里，有一个令人无法忽视的趋势——因为就读大学、读研深造、晚婚等因素，相对于父辈而言，目前处于中年的这一代人得到了更长时间的、来自家庭的支持。而随着"老人潮"的爆发,中年女性们无奈地发现,她们花费在照顾父母上的时间甚至要超过抚育儿女的时间。无论对于老人或是小孩而言,家庭无疑都是他们最重要的依靠,所以,现在的中年人也就毫无疑问地成为上有老、下有小的"三明治"一代。桑迪就是这其中的一员。

桑迪:被夹在了"三明治"中

在50岁出头时,桑迪的生活是这样的:自己是独生女,有一份体面的工作,一个体贴的丈夫,一个怀着头胎的已婚女儿和一个即将大学毕业的儿子。桑迪的母亲叫玛丽,已经80岁了,桑迪和她的关系一直非常亲密。玛丽寡居10年,一直很自豪于自己的独立性。她坚持要住在自己的老房子里,总是说:"这是我的家,永远都是。"桑迪和她的丈夫弗兰克,曾经很敬佩玛丽的这份坚持,虽然这种坚持有时近乎顽固。直到有一天,玛丽那根时刻紧绷着的坚强神经,终于断了。这天,桑迪打电话给玛丽,一直无人接听,惊恐的她赶到母亲的公寓,赫然发现玛丽躺在浴室的地板上。玛丽摔了一跤,伤到了骨盆,但没人知道她是何时摔倒的。桑迪赶紧拨打了急救电话。从这天起,桑迪的生活被改变了。

玛丽接受了骨盆手术,但术后的她变得有些神志不清。她的女儿桑迪则被出院单上的陈述和一系列的问题给炸晕了:(玛丽)仅可基本自理;你对你母亲未来的生活有何规划?玛丽有何种医疗保险?她会去康复机构接受复健治疗吗?当她回到家中,谁将负责她的看护工作?桑迪几乎要崩溃了,大脑一片空白。然而这还没完,最后一个问题像是从遥远的地方传来:"你打算如何应对她的老年失智症问题?""失智?"桑迪彻底爆发了,"你可能不知道,我母亲可是每天都读《纽约时报》的,还会做那上面的字谜游戏!"

尽管生活像是突然被搅了个底朝天,但桑迪知道自己此刻必须冷静下来,找到上面所有问题的答案。当然,回答这些问题的最重要的前提是——尊重玛丽本人的意愿。桑迪和弗兰克开始回忆玛丽以前对他们所说过的一些愿望——"如果我发生了什么意外,我希望能留在自己的家中。给我必需的照料和帮助,但请记住,我不希望成为一个负担。"桑迪低声哭泣着,弗兰克拥抱着她。他们接受了摆在面前的现实,决定无论如何都会遵从玛丽的意愿。

如果有一个人必须要成为玛丽的主要护理人,不可避免地,这个人只能是桑迪。她需要重新分配自己的时间来适应这个新的角色。没错,弗兰克可以搭把手,他们的孩子也可以帮点忙,但归根结底,这个担子主要还是落在了桑迪的身上。总得有一个人来主导这个工作:规划时间、安排管理和协调各个方面。这就好比是排演一部话剧,主演只有桑迪一个人,备用的紧急联系人都是类似于"群众演员"的业余人士。与此同时,桑迪也意识到,在这种情况下,如果要保持自己的情绪稳定、头脑清醒,她必须要挤出时间给她自己才行——同时也不能忽略了弗兰克、孩子们和她自己的工作。理清头绪后,桑迪告诉自己必须振作,为母则刚,为子则强。

尽管桑迪是在完全措手不及的状态下进入到老人看护这一角色的,她的情况其实并不算很糟,因为她的生活有许多抵抗力很强的组成部分——和玛丽亲密的母女关系、美满的婚姻、独立的孩子们和较好的经济基础。但无论如何,桑迪的生活不会再和以前一样了。

变化中的家庭结构

现在的家庭结构与过去相比有了很大的变化。尽管像桑迪和弗兰克这样的"典型家庭"结构依然是主流,但越来越多样化的家庭形式不断涌现:单身家庭、重组家庭、单亲家庭,以及"祖辈抚养孙辈"的家庭。不同的家庭结构,他们各自所须面临的养老困境也不尽相同。举个例子,对于那些未婚且独居的单身人士来说,在养老方面,他们很可能也得孤军奋战。而对于因离婚、丧偶等原因重新寻找伴侣组合而成的重组家庭，往往父母和祖父母的数量也会成倍增加。更多的长辈数量不仅让养老负担更重，也增加了家庭矛盾发生的概率；除此之外，亲手足和继兄弟姊妹之间的观念差异也会带来问题。单亲父亲或单亲母亲的抚育负担本已很重，养老责任无疑让他们的压力更大。如果需要照料父母（或祖父母）的这些中年人本身也有健康问题，比如风湿病、心脏病、糖尿病、骨质疏松或哮喘等，照顾老人所带来的压力可能会让他们的健康状况进一步恶化。应对这样的挑战无疑是艰难而沉重的，因为你要面对的重重压力不仅来自外部，也来自你自身。

没有一个家庭是相似的

幸福的家庭意味着和谐的共处和紧密的合作，但并非每个家庭都能如此完美。事实上，每个家庭成员都有自己的一套价值观和偏好，这是再正常不过的事。比如，当年迈的母亲需要照顾时，是请专业人士来家中护理，还是将她送去养老机构，不同的家庭成员往往会各持己见。一位女士曾私下里对我们表示："如果我是独生女，事情可能会更好办一点儿。因为那样我就可以做我认为最好的选择，让妈妈得到她最需要的照料，我知道让她（像现在这样）一个人待在家里有多难受。虽然妈妈之前已经签了一些法律文件让我来主导她的养老问题，但是我的兄弟姊妹根本不买账，这真的让我很抓狂，同时也让我感到很内疚。"

不仅如此，父母也有他们自己的处事方式和有时非常固执的观念、偏好和成见。并非所有的父母都是模范父母。家庭的历史会重演，陈年的矛盾可能再次出现。有时，采取一些新的思路，可能会让旧的冲突得到解决。菲利普和山姆的案例就是一个证明。

山姆：搁置陈年矛盾

山姆和他的伴侣菲利普一起经营着一家古董店。3年前，他们从保加利亚收养了一个男孩，取名叫亚当。他们把家安在了富人区的一栋优雅的联排别墅里，家庭生活和美幸福。为了照顾好亚当，山姆和菲利普用心规划工作时间，轮流照顾孩子，偶尔忙不过来的时候就请保姆来帮忙。菲利普的父母对亚当也非常疼爱。而山姆的父母则是另外一种情况，因为某些原因他们与山姆的关系非常疏远。

一天，山姆接到了姐姐茉莉的电话。茉莉告诉他，父亲刚发生了一次严重的中风，现在右侧半身不遂，也不能说话；她咨询过的医生都表示父亲痊愈的机会很小。茉莉单身，是一名教师，收入不高，她和父母及山姆的关系一直都不算亲密，但她时不时会帮忙照看亚当。现在，茉莉请求山姆和她一起来面对照料父亲这个难题，因为她一个人无法负担。

山姆的内心有点挣扎，一方面与父母之间紧张的关系让他心有余悸；另一方面，如今的他也为人父了，有了不一样的考量——虽然他知道自己永远不会因为亚当所选择的生活方式而否定他，但现在自己怎么对待父母，势必会给亚当树立某种榜样——如果将来我中风了，亚当会怎么对待我？这样一想，山姆觉得自己必须要做正面的那个榜样。茉莉的父母也是他的父母。山姆决定抛开心里的那些痛苦和矛盾，和茉莉一起并肩作战，共克难关。

有时，需要养老护理的那个人可能并不是你的父母，但你也一样伸出了援手，就像朗达对待他的叔叔兰尼一样。

孤独又"难搞"的兰尼

兰尼年轻时的职业生涯非常成功，可谓名利双收。但他的个性一直有缺陷：

粗鲁而自负。丧偶之后，随着年龄的增长，兰尼的个性变得愈发古怪。当他开始出现老年失智的症状时，这种情况就更严重了。老年失智症会导致大脑的一些重要功能退化，包括记忆力、学习能力和判断力，而这足以影响一个人的日常生活。老年失智症也会影响一个人的性格和行为，虽然这不一定意味着此人会变得古怪和"难搞"。

随着兰尼的病情不断恶化，他开始不能自理，需要接受家庭看护。但他那令人无法忍受的个性和对他人的抗拒，让他身边的护理人员走马灯似的换了一个又一个，没有人能坚持下来。这让唯一还愿意帮助兰尼的亲人——他的侄女朗达绝望不已。接下来，朗达花了许多的时间和精力找到了一个她认为最好的护理机构，把兰尼送了过去。不出意料，她听到的还是兰尼不断的抱怨。没有一个人、一件事是他看得顺眼的——"没人关心我，没人来照顾我，饭菜难吃，医生蠢得要命，什么都不好"。这还不算，后来兰尼还变得疑神疑鬼，他坚称："中央情报局的人来了，偷走了所有的东西。"

对朗达来说，把兰尼送到专业机构并不意味着她的赡养义务圆满完成了，准确地说，只是方式发生了变化。那个需要接电话听她叔叔无休止的抱怨，甚至辱骂的人，还是只有她。护理机构的员工对兰尼这样的患者见怪不怪，"没错，他是挺难搞的，他其实也只是控制不住自己而已"。而经历过这些之后，朗达也调整好了自己的心态："他并不知道自己现在在干什么。想想看，他以前是多有名的一个人啊。我记得我还是个小女孩的时候，他给了我这条漂亮的手链，直到今天我还戴着。"

愿意照顾兰尼是朗达的个人选择。过去的美好回忆让她可以承受现在的痛苦。直到兰尼去世，朗达都是他最重要的、也许也是唯一的探望者。

并非所有的老人都一样

老年人的健康状况差异巨大：有些人比较健康，有些比较虚弱，还有一些则非常糟糕——这将他们分成了从"可独立"到"不能自理"的各种情况。而每个人对于"变老"这个概念的认知，一定程度上也会影响他们的自理能力。在这种多样的情况之下，还有一个事实：一个家庭中可能出现几代老人共存的现象。比如，女儿65岁，她的母亲85岁，她的祖母102岁。三人可能住在一起，也可能分散在不同的地方。他们中的每一位都可能既是护理者，又是被护理者。

老当益壮

"健康"的老人们可能还是会有一种或多种慢性疾病，但重要的是，他们通过逐渐调整自己的生活已适应了这些疾病所造成的不便，从而依然可以保持比较活跃且独立的生活状态。他们可能选择继续住在熟悉的地方，也可能选择搬去别处。因为他们依然可以很好地独立生活，因此他们中的有些人会选择继续工作，而大多数人则会选择退休——把时间花在保养和享受生活上。

退休生活可以相当的丰富多彩——开创一个新的事业、回到学校、发展各种兴趣爱好，或者投身于志愿者工作。64岁的杰森就是这样。退休前他从事的是保险业，现在的他则是一名独立的投资顾问，他非常喜欢这个新职业。74岁的伊莎贝拉也是如此。做了一辈子裁缝的她，退休后和女儿一起创建了一个相当受欢迎的时尚品牌。

事实上，在许多领域，健康的老人们因为拥有丰富而宝贵的专业知识和经验，一直是我们这个社会不可或缺的重要力量。拿退休的商界高管来说，他们往往是企业或机构董事会成员的不二人选。除此之外，他们也可以通过一些政府或企业的项目，为年轻的创业者们提供义务的导师服务。

身体机能和自理能力的退化

另外一些老人，尤其是年龄在75岁以上的老人，则没有这么幸运了。他们的身体和心理往往都已不在最佳状态，日常活动至少需要一些额外帮助才能顺利进行。比如，他们可能已经无法自己驾车或单独乘坐公共交通工具。爬楼梯或者泡澡这样的活动，对他们来说也都包含着不小的安全隐患。这些老人往往也很容易成为金融诈骗和各种骗局的受害者，因为他们常常会记不住有没有付账单或有没有把支票存入银行这样的小事。对于这样的老人，尤其是独居老人，当务之急是对他们原有的生活方式做出一些调整。

部分丧失自理能力的老人往往需要他人的一些帮助才能完成日常活动，他们的独立性和生活质量都可能因此下降。如果无法独立做到按时服药或进行一些必需的复健活动的话，那就需要有人一直在家照顾他们才行。如其他家庭成员照顾、请护工上门，或是两者兼而有之。其他可以加以利用的社会资源包括："成人健康托管中心""送餐到家"和"钟点工"这样的社区服务，或是各种各样的养老中心、老年人公寓等。

我们通常无法预测一个人健康状况的恶化是急性的或是慢性的。不同的疾病也有轻重缓急之分，它们对于生活的冲击程度因此也就不尽相同。但不管怎样，衰老和疾病会影响到生活的方方面面，从情绪、两性关系、财务状况到生活方式。像心脏病、帕金森氏综合征、风湿病和肺病这样的慢性疾病，病程往往发展缓慢，给了患者较充分的时间来适应和调整生活。而像严重的意外、中风或癌症这样的突发情况，则往往让人措手不及、无所适从。如果把慢性病比作"演变"，突发大病则像是一场"革命"——它们对生活的冲击格外巨大。

充当养老护理者的中年子女

许多中年人是在毫无征兆的情况下,猝不及防地开始了护理年迈父母的过程,这无异于在他们原本已经满负荷的工作之外又接下了一份新工作。而且这还是一份既没有职业描述,也没有对象可供参考的全新工作——更要命的是,连个工作进度表都没有,因为养老护理一旦开始,可能会延续许多年。老年保健学家(gerontologist)发明了"养老护理生涯"一词,用以阐释老年护理是一个随时间而不断变化的长期过程——被护理者的身心和情绪的状态决定了护理的内容、强度和频率。现如今,由于养老需求的普遍性和可能存在着的一些健康隐患,养老护理已经迅速成为一个公共卫生危机和困境。

护理父母的成年子女,年龄可分布在40岁到80岁之间,涵盖并超过了"中年"这个范畴。尽管中年男性和女性都包含其中,但实际上大多数承担具体护理工作的总是贴心的女儿或媳妇。为自己的父母、公婆、朋友、配偶或邻居提供养老护理的通常也都是女性。女性不但会从事具体的护理工作,也常是养老护理事业的倡导者、呼吁者和代理人。尽管女性花在养老护理工作上的时间超出男性的50%,但男性依然是这一事业中必要的组成部分。通常来说,像修水龙头、修锁这样的家庭维护工作都是男性承担;家庭财务和法律方面的问题也是男性负责为多。当然,在不同的文化中,情况会有所不同。比如说,在某些文化中,承担养老责任的是长子;而在另外一些文化中,情况则完全相反,养老这一重担会落在最年幼的儿子身上。

职业女性

女性是当代职场的重要力量。大多数女性如今已不再是全职主妇，只为照顾老人和孩子而随时待命。取而代之的，进入职场，意味着她们可以为家庭创造更好的经济条件。但与此同时，她们的工作压力也可能相当巨大。这些压力和工作负担使女性原本就忙碌不堪的生活雪上加霜。当代女性比以往任何时候都要更忙更累，她们时刻都在挑战自身多任务执行的能力，同时还要在各个兴趣班之间接送永远精力旺盛的孩子们。和男人一样，女性比过去工作的时间更长，也更辛苦，而许多家庭必须依靠双职工的收入才能正常运转。这个时候，养老需求的出现，显然对职业女性的事业和收入都很不友好。请假过多、难以晋升和被迫提前退休必然都会减少她们的收入。在职业、孩子、老人和自身需求的夹缝中挣扎的中年女性，无疑是"三明治"一代中最辛苦的人。

"成为护理者"意味着什么？

作为一个常常是在意料之外时所进入的角色，"护理者"一职对于一个人的生理、心理和经济能力都提出了挑战。它需要占用一个人全部的注意力，常常会让人感到力不从心，尤其是在最开始的时候。还好，这个状态一般不会持续太长时间。人是很有韧性的，而韧性可以让我们适应下来。接下来我们将探讨老年护理究竟难在哪里？

护理者的角色会迫使我们重新审视自己的生活和人际关系——过去的和现在的——和年迈父母的关系、和伴侣的关系、手足情谊、亲子关系，以及我们和朋友及邻居的关系。它也可能让我们重新思考自己的生活方式，包括职业生涯、业余爱好，以及我们的人生梦想及规划。毕竟，养老责任不是凭空发生的，而是基于我们已有的生活之上的。进入这一角色可能会加速诱发我们内心的脆弱感和对未来的焦虑情绪。它也可能使我们过去的伤痛与危机沉渣泛起，让我们回忆起和父母、手足或其他亲戚间曾经有过的种种矛盾。当然，反过来，它也有可能帮助我们回想起那些曾经对这些矛盾奏效的对策。

成为护理者会迫使我们必须改变每天的时间表。怎样才能挤出更多的时间给护理对象？怎样才能重新分配每天的时间？这是我想要的吗？在护理上花多长时间才能得到配偶、孩子和老板的"许可"？我们可以承受护理工作中的不可预测性吗？我们能控制好自己的行为，不把负面情绪发泄在护理对象或无辜的他人身上吗？

养老护理还会让我们重新认识老去、疾病、死亡和责任这些概念。它让我们涌现出许多关于父母的问题：我是不是曾认为父母永远不会老去？我是不是曾希望时间静止？我是不是曾以为父母永远都会照顾我，或者至少，他们能够永远照顾好自己？

护理工作也会让我们产生许多关于自己的问题，很多问题也许是我们第一次意识到：我是否害怕面对自己的内心？我是不是有天也会变得如父母现在这样？我会得心脏病、阿尔茨海默病吗？我会卒中（中风），然后变得神志不清、无法自理吗？我对死亡的信念究竟是什么？我要不要和父母讨论关于临终关怀的真实想法和安排？他们想要的会不会和我的想法不一样？如果真到了"那一天"，我能平静地放手吗？我能承受父母的离去吗？

义务感和责任感是养老护理时不可忽略的情绪。如果我们不能陪在他们（护理对象）身边，我们会有多内疚？当我们不得不将父母送入养老机构时，这种负罪感会尤为强烈——有些父母甚至可能曾提出过请求:"请答应我,绝不把我送走(去养老院)。"即使你和父母之间不曾有过这样的对话,但你一样会因为把他们送入养老院而感到非常自责;更不必说那些曾经承诺过父母的人了。

如果你的父母一直对你爱护有加,那么你成为一个模范孝子、用爱全心回报他们也许会容易很多。但是,如果你的父母不是这样的呢?下面让我们看看杰克的故事。

杰克:狮子变羔羊

根据安妮的描述,她的父亲杰克已经独居了很久,而且一直都非常独立,自理完全没有问题。哦,没错,他当然也在变老,但他们家族似乎有着优良的"长寿基因"。杰克的父母都活到了90多岁,杰克看上去应该也会如此。安妮之所以想到这一点,是因为这意味着她自己可能也能成为高寿的老人。安妮是父母三个孩子中最小的一个,也是唯一的女孩。她比两个兄长小很多,她的母亲说她的出生就是一个"意外"。父亲的态度也一样,他常常说:如果不是因为生了安妮,他们两夫妻本可以有更多的机会旅游,可以存更多的钱,也可以做更多的事——一句话,安妮就是一个"包袱"。尽管成长在这样的环境下,但安妮现在生活得还不错,她有许多朋友。作为一个40多岁、奔50岁的单身女性,她觉得自己已经足够幸福。

然而,仿佛是一夜之间,父亲就变老了——既没有发生什么意外事故,也没有深夜打来的求救电话或是兄长给安妮的任何提醒——但一系列的变化证明了这一点:父亲的视力和听觉持续恶化,即使借助眼镜和助听器也不太管用了;同样的,即使用了手杖,他也无法顺利出门了。把父亲送去养老院是"不可能的",因为他不同意。父亲此时唯一的愿望是和安妮住在一起。

安妮和自己最好的朋友抱怨道:"突然之间,我爸变得对我和蔼可亲。那前面的48年他干什么去了?那个时候他对我完全不理不睬,现在却想突然闯进我的生活,把我的日子搞得一团糟?没门。"她继续说道,"我不会把自己变成他的护工的。"但是,生活并不总是往我们想象的方向发展,它自有它的剧本。

安妮发现,每当她去看杰克时,杰克不仅很高兴而且很舍不得她离开。他也会说一些从前从未对她说过的话。"安妮,"他说,"以前爸爸对你太不关心了,我真是不应该。你现在是个多好的姑娘啊!我觉得我从来都没有好好地了解过你。"说着说着,杰克哽咽起来,但他很快地拭去眼泪并向安妮表示歉意。安妮能感觉到父亲的话是发自内心的。她问杰克有没有考虑过住到两个哥哥家去,杰克说他担心儿媳妇们会不接受他。他之所以倾向于和安妮一起住,一是因为安妮的公寓比较大;二是因为他真的很爱她,希望能在离开这个世界之前好好地多和她相处。话说到这里,安妮就打消了原本希望由兄长们负责照顾父亲的念头。

取而代之的,安妮决定自己把这个担子挑起来。她邀请杰克住进了自己的家。从那以后,安妮重新安排了自己的生活——从工作、朋友和业余爱好中腾出时间来,精简各项开支以便更好地照顾父亲。对于这样的选择,安妮无怨无悔,因为这是她第一次看到了一个完全不一样的父亲。岁月磨平了他的棱角,曾经严厉的父亲变成了和蔼的老人,他那发自内心的忏悔深深地打动了安妮。5年后,当杰克去世时,在他生命的最后一刻,握着他的手的人是安妮。"那种感觉刻骨铭心,永生难忘。"安妮说。

在这个故事里,安妮敞开了自己的心扉,接受了新的挑战,同时也做出了理性的选择。整个过程对她个人和生活来说,是一个巨大的改变。当然,杰克也做出了一点改变。人们常说的"江山易改,本性难移""越老越固执",事实上只是一种偏见。老年人并非都是油盐不进的老顽固。岁月也可能让一个人变得柔软,再硬的铁石心肠也可能水滴石穿,透出光来。杰克就是这样,他看到了那束爱的光,这次他没有放手。这个故事的结局,是对两个人的救赎,对杰克和安妮来说都是一个好的结果。当然,同样的情节发展不一定适用于其他人。

梅布尔:事实上需要被照顾的那个人

独居的梅布尔有三个孩子和四个孙子。她的家离其中两个孩子的家不远。作为一个重度糖尿病患者,梅布尔必须接受密切的健康监测,尤其是在药物和食物方面。每天早上,梅布尔的女儿罗拉会在自己的上班途中顺路过来,先测量母亲的血糖,然后为她打胰岛素,帮她服用药物,最后再为她做一顿早餐。梅布尔的儿子罗伯特则会带着午餐在中午时过来,和母亲一起吃顿午饭。负责母亲晚餐的则是梅布尔的另外一个女儿——朱丽安娜。三个孩子也会排好班,轮流带母亲去看医生,把这当成各自家庭任务的一部分,就像护理母亲的义务被三个家庭平分了一样,养老护理过程中的焦虑感也被平均分摊了。但是,如果你问梅布尔她自己感觉如何,她却总是说:"我一切都很好啊,我其实都不需要什么照顾。"

不少体弱多病的人都像梅布尔这样,总是急于否认自己的问题。他们讳疾忌医,仿佛完全感知不到自己的困境。旁人哪怕只是稍微提醒一下他们需要接受帮助了,他们也会嗤之以鼻,认为这是别人的荒谬与刻薄。其实并不必和梅布尔们争辩什么是事实,也不要在提供帮助前询问他们的意见,因为那样做只会让他们觉得受到了冒犯。很快你便会发现他们只是心口不一而已:一方面拒绝承认自己有麻烦;另一方面又会默默地接受你的帮助。这种矛盾的心理也许很难理解,但也没必要费神去分析了,只要接受这个事实就好——那就是,你就是梅布尔们事实上的护理者。

护理工作复杂且充满了挑战,常常让人感到疲惫不堪;但换个角度,它也可以是一种自我启蒙的宝贵经历。这其中的成功经验也好,失败经验也罢,最终都会在未来帮助你厘清自己的养老问题。"被夹在三明治中间"看似是一种静止的状况,但实际上,夹心可变大或变小,面包也可厚可薄。所以,养老看护是一种动态变化的过程。被看护者的需求可能会发生改变,我们周围的人会发生改变,我们自己也可能改变。即使事情有时貌似停滞不前,事实上也可能在暗中发生着变化。通过将"三明治"切割成合适的小块,一口口地吃,可以让它变得可以接受,甚至可口起来。

第二章 观念、信念和个性特质

每个人都有自己的一套生活哲学,尽管我们通常不会刻意去想它。古希腊哲学家苏格拉底、柏拉图和亚里士多德的理念通过传播成为世间的常识。耶稣确立了他的信仰,并围绕这些信仰形成了一个新的宗教。摩西与上帝交流了他的信念,探讨了自己是否可以成为领袖,领导那些被上帝挑选进入新土地的人民。

每个人的人生都遵循着一系列可称之为"主题"(theme)的原则——有人称之为"使命",有人称之为"人生哲学",还有人称之为"信条"或"观念"——它是你小到每天、大到一生的人生指引。你可能是"愤世嫉俗"的(一种人生信条)、积极乐观的(一种人生信条)、恪守宗教的(一种人生信条),或者是不可知论者或无神论者(同样也是一种人生信条)。每个人都是一个"信徒",你的长辈也是。你们的观念的相互作用会影响到你的护理行为和护理结果。

普适的养老观念

以下是我们在养老护理领域中所观察到的一些

最常见的普适观念,其中的一些可能也是你所认同的。

第一个是:"只有家人才能照料家人——这是孩子应该回报父母的。"父母可能养大了好几个孩子;一个孩子至少应该可以照顾一位父亲或母亲。

弗朗西斯卡:无私的护理者

弗朗西斯卡是一名40岁的心理健康专家,个性温柔又体贴,她与生病的母亲住在一起。主治医师建议她可以将90多岁的母亲送去养老看护机构,弗朗西斯卡却是这样回答的:

"我想在她身边照顾她,这是我亏欠她的。小时候的我体弱多病,又是六个孩子中最小的一个。母亲从来没有嫌弃过我,现在的我怎么可以嫌弃她?为了谈恋爱?我现在真的没那个精力去谈情说爱,每天回家都已经挺晚的了,一整天都在工作。等我回家,我妈妈的护工才可以下班,她从十年前爸爸去世后就一直在这里照顾我妈妈。每晚我都是累得扑通一声倒在床上。周末?我还是陪在妈妈身边。我是她的家人。家人就是家人。"

弗朗西斯卡完全承担起了照顾母亲的责任,这并非出自她母亲的要求,而是出自她自己的人生信条。

通常我们认为只有女儿才能展现出这样的高尚品德和无私精神,但有些儿子也做得很不错。戈登就是其中之一。

孝子戈登

"我知道我可以把老爸送到养老院去。但是,他在那里待不了多久的。去养老院是最后一条路。去那儿的人都是已经到了人生的尽头了。没错,我是去看了

第二章 观念、信念和个性特质

一些养老院,然后我想:我为什么要把我爸送到这种地方去呢?他是一个超棒的父亲。他带我去看球赛,给我买我想要的东西,送我——事实上,是坚决要求我——去上大学。我想不出一个比他更好的老爸了。为什么我要把他送走?我姐姐想要我那样做,但我绝不同意。"

戈登的信念是:"别人是否送父母去养老院我管不着,但那不是我父母该去的地方。"尽管有的养老院条件非常好,可以满足各种护理需求。但戈登的这种信念是根深蒂固、不容辩驳的。他父亲曾对他说过:"儿子,我觉得(让你们这样照顾我)对我来说太沉重了,对你和你的姐妹们来说也太沉重了。隔壁的珍妮去了街对面的那家新养老院,她女儿跟我说她在那里交到了朋友,吃得很好,工作人员也很亲切。我想我可以去试试。如果我真不喜欢,我可以再回家。"但戈登很坚决:"不,爸爸,那不适合你。"

观念或信念是人的一部分,除非你有意识地去改变它,否则它会相当稳定。但在做出改变之前,你首先需要意识到有这个观念的存在。

瓦伦蒂娜:愤世嫉俗的女儿

瓦伦蒂娜对养老院的观念和戈登类似,但另有原因。自从来到美国后,她曾被抢劫过一次,家里也被盗贼闯入过。于是她开始有了这样一种观点——人到了美国会比在原来的国家更容易变成小偷。她的父母住在一个小公寓里,二老都需要使用轮椅。平时有一个护工上门来照顾他们。到了周末,瓦伦蒂娜不上班时,她或她的弟弟会轮流来照顾父母,晚上就睡在小公寓的沙发上。每到这种时候,瓦伦蒂娜就只能把自己两个年幼的孩子交给丈夫照顾。她那单身的弟弟,经常就在父母床边的地毯上睡着了。为什么不把父母送去养老院?"因为养老院里的人会偷东西。"他们这样回答。当被问到他们为什么这么想时,他们看起来就好像你在问他们月亮是否是在晚上出来一样。什么都改变不了他们的这种想法。当一种偏见在人们心中扎了根，即使事实并非如此，偏见也总是胜出。

南希：充满感恩的护理者

戈登和瓦伦蒂娜都属于对自己的观念坚信不疑的人，南希则是另外一种情况。从记事起，南希的母亲薇拉就教会了她家庭的重要性和赡养老人的必要性。南希发自内心地想要坚守这些愿望，直到有一天，她陷入了一个灾难性的境地，让她不得不面对现实：薇拉去医院接受一个普通的心脏手术时，不幸发生了不可逆转的并发症，只能靠呼吸机维持生命。医生表示这将是永久性的。前一天还完全可以正常生活的母亲，突然变得不能自理，需要依靠24小时照料和维持生命的机器才能存活。这样的打击让南希几乎绝望，但还有个决定她必须马上要做——薇拉不能无限期地待在医院里，她需要被送去专门的养老护理机构。不管南希多么希望能够亲自照顾母亲，但以薇拉目前的情况，家庭护理是绝对满足不了的。因此，尽管很不情愿，南希还是不得不在一家长期护理机构预订了一张呼吸机床位。薇拉在这家机构中住了将近一年，南希经常去看望她。南希觉得母亲得到了很好的照顾，她说："我尽力了，我不后悔。谢天谢地，当妈妈需要帮助时，她得到了很好的照顾。这里的工作人员绝对是天使。我都不知道他们是如何日复一日、年复一年地做到这一切的。"

罗伯塔：不情愿的护理者

另一个颇为流行的观念是"母亲想要保持她的独立性"。以78岁的寡妇伯莎为例，她被诊断出患有中期阿尔茨海默病。邻居和朋友们都认为，在这种情况下，让伯莎独自住在郊区的家中并且自己开车是一件危险的事。但她的女儿罗伯塔还是支持了母亲这样的决定。

伯莎平时的生活半径不大，她也从来不会离家很远，因此家人们放松了警惕。直到有一天，当伯莎从教堂开车回家时，她撞到了一辆车却没有停下来，而是继续往前开。正巧此时有一个警察从旁边经过，拦下了她，没收了她的汽车，并打电话让罗伯塔来接她。此外，警方还向保险公司报告了这起事故，并通知了交管局伯莎有明显的认知问题。

罗伯塔现在不得不重新审视母亲的独立性。但在与专业人士的初步咨询中，她说："我不能让妈妈没有车开。那样她会死的。"同样的，罗伯塔也拒绝为母亲寻找家庭护工，因为"妈妈需要她的隐私"。有时，我们会被自己的信念蒙蔽双眼，尽管它们可能是善意的。在这个案例里，车祸其实已经暴露出了伯莎明确下降了的自理能力。

平衡独立性和依赖性

或迟或早，直面问题都是必要的。希腊人关于平衡的智慧值得我们学习，他们坚信：平衡的生活就是健康的生活。只要你不吃得过饱或过少，那么"吃"本身就是没问题的。这同样适用于锻炼或任何事情。恰当的比例和平衡会带来健康的生活。所以，如果独立是必要的——事实也是如此——那么依赖也是必要的。对于一个行走不便的人来说，当刚下过雪、街道很滑时，不寻求帮助就过马路无疑是愚蠢的。此时，深谙平衡之道的人会懂得在需要的时候寻求帮助，而羞于启齿的人则可能摔倒，导致严重后果。因此，依赖别人并不总是坏事，尤其是当一点点帮助实际上可以挽救生命时。

另一个为人熟知的观念是："我必须为孩子们留下一些东西。否则，这一切的意义何在？"

盖尔：我的钱就是我的遗产

盖尔的丈夫患有帕金森症，她是丈夫的主要照顾者。盖尔自己也刚刚被诊断出患有乳腺癌。她已决定开始接受放疗和化疗。盖尔一直坚信家庭的重要性，她是一位忠诚的妻子、母亲和祖母，她的奉献精神有口皆碑。盖尔始终认为自己很坚强，其他方面都很健康，可以在没有额外帮助的情况下照顾好丈夫和自己。毕竟：

"我的钱就是我的遗产。我需要为我的孩子和孙子们存好钱。你知道现在上大学每年要花多少钱吗？读书这么贵，就算是事业比较成功的父母都不能完全独立地负担。如果他们去贷款，孩子们就会一直欠债。如果我们做祖父母的不能帮助孩子们，我们有什么用呢？我们工作和存钱的目的又是为了什么呢？"

盖尔不想动用她那可观的积蓄来养老，她的期望是当她无法自理时，成年子女们可以放下一切来全面地照顾她——尽管他们还有工作和年幼的孩子要兼顾，肩上的担子已经很重了。

继承是世代之间的财富转移。对不同的人来说，这意味着不同的东西，它可能是住宅、艺术品、古董、珠宝、股票、债券或现金。对盖尔来说，她的希望是被记住，留下某种遗产和印记；为子孙留下某种可以保存的记忆。活着时，我们是可见的。而死后，无论我们对于死亡的信念如何，我们都希望以某种形式继续活在我们的后人心中。

偏　好

如果说信念是你生活的指引，偏好或喜好则进一步决定了你的生活质量。偏好并不是随机产生的，它们是你内在的一部分。你了解自己的喜好并将其展示给全世界：你住的地方、你的穿着、你如何度假、你阅读的书籍、你的食物、你看的电视节目、你交的朋友、你的职业道路、你的亲密关系和你的生活方式——这些都诠释了你的偏好。在这个充斥着选择的世界里，你做出了有意识的决定，留下了自己的印记。即使你的选择可能会改变，但那依然是你的选择。对于老年人来说，他们的选择和偏好已经存在了几十年。

莉拉：主动地改变生活方式

莉拉一直不喜欢做所谓的"候鸟"老人，就是那些每到冬天就会南下度假的人。她总是说："我可受不了和那么多老年人挤在一起。买双靴子，穿上暖和的外套，欣赏欣赏雪景，难道不好吗？"直到——莉拉在冰上摔了一跤，造成髋骨骨折。于是，康复之后的莉拉也变成了一只"候鸟"，她不得不在生活方式上做出新选择。如果不做"候鸟"老人，另一个选项就是在寒冷、结冰的天气里留在北方并一直待在室内；不得不出门时，则需要依靠丈夫的护送。

那么你呢？你肯定也有自己的选择和偏好。但无论它们如何，它们都只是你的。你可以表达它们，但不要将它们强加于人。作为护理者，必须要关注老人的喜好。既然莉拉已经将生活方式的改变付诸行动，（作为护理者的）你就得想想该如何应对：你能频繁地飞到南方去看她吗？你能在那待多久？如何用诸如电话、电邮等其他方式保持联系？

唐：再婚的鳏夫

丧偶的父亲或母亲选择再婚，是最有争议的人生选择之一。72岁的唐是一个看起来依然年轻、精力充沛的老人。他和凯莉的婚姻持续了45年。在短暂而痛苦的疾病之后，凯莉去世了。他们的两个女儿和儿子都已结婚生子。唐年轻时有一份好工作,所以有足够存款和养老金。凯莉去世一年多以后,唐在朋友的晚宴上遇到了丽贝卡。从未结过婚的丽贝卡魅力十足、精力充沛,她说:"唐是我第一次遇到的真爱。我花了很长时间寻找,现在我终于等到了。"

唐的孩子们都吓坏了:"你怎么可以这样对我们?不是我们不喜欢丽贝卡,而是这也太不像你了。你一直是一个那么细心又谨慎的人,现在你真的知道自己在做什么吗?我们真的很担心你。"唐静静地听着,并没有改变他的计划。作为一个一直都知道自己想要什么的人,他选择听从自己的内心。他对孩子们说:"孩子,你们的妈妈对我来说非常非常的特别,我非常爱她。丽贝卡是另外一个人。我爱她这个人。这是我的选择,希望你们可以尊重。记住,我会像以前一样爱你们所有人,也会永远珍藏对你们母亲的回忆。"

再 婚

子女们可能会在原则上同意父母再婚的想法,但如果再婚真的发生时,则会觉得非常可怕,就像唐的案例一样。子女们会这样表达他们的恐惧:"她想要的是你的钱(即属于我们的遗产)。你对她还不够了解。她的兴趣爱好可能跟你很不同。你不知道她的健康状况怎么样,搞不好最后我们要照顾你们两个。"这背后没有说出来的那个真正的理由其实是:你在背叛母亲。另一个女人将要取代母亲的位置,用她用过的东西,用她最好的银器布置桌子,总而言之,完全接管母亲的一切。虽然在唐的案例里,并不涉及继子女,但他依然要面对自己孩子们的反对意见。如果还有继子女和孙辈,情况可能会变得更复杂,冲突也会更剧烈。因为各种不同的价值观、偏好、嫉妒以及对时间和关注度的争夺都会搅和在一起——"现在你打算和谁一起过圣诞节?"

个性特质

观念和偏好都是一个人整体人格的一部分。观念将人生哲学转化为行动；偏好则是每个人根据自己的观念所做出的独特选择。所有的这些观念和偏好从一开始就存在。过去人们总以为人生来是一张白纸，你遇到的每个人和每件事会在这张白纸上留下深深印记，并影响到你后来的生活——你的父母说了些什么话，你的兄弟姊妹是善良的抑或是不善良的……所有这些就像是一道闪电击中了你，形成了永恒的印记——然而，事实却不是这样的。

新的研究表明，每个人与生俱来就带有某些个性特质，从出生的第一天起就一直存在。这与我们之前被告知的一切正好相反。父母对个性的影响很小，只有10%或更少。所以你对所有事物的反应可以与你兄弟姊妹的截然不同。遗传因素对个性的影响占40%—50%，剩下的部分则由一个人对于事物的独特、个性化的反应来决定。因此，在一个五口之家中，五个人既有相似之处，每个个体又会有其独特性。这就是为什么成熟的父母总会说："我的每个孩子都是不同的。"近期的社会科学研究也证实了这些发现，比如对分开抚养的同卵双胞胎进行研究，发现他们在分开几十年后却具有非常相似的个性特征和行为。

作为成年人，这些发现对你意味着什么？它会如何影响你作为护理者的角色？答案是，你会按照你的个性来对待你的父母，同样，他们也会按照他们的个性来回应你。在养老护理领域，有下面12种个性特质值得我们关注。

需要陪伴

每个人在出生时就会表现出需要陪伴的特点。作为一个婴儿，你无法忍受与母亲的分离。即使只是很短的时间,你也不喜欢一个人待在婴儿床里。到了上幼儿园或学前班的时候,妈妈送完你离开时,你会哭,这被称为"分离焦虑(separation anxiety)",即与父母分离时,孩子会感到不安。即使你已成年,或者是在30年、40年,甚至50年后,这种特质可能仍然存在。人喜欢并需要亲密感。莎伦说:"我现在已经52岁了。我的母亲是个寡妇,85岁,体弱多病。我们请了人在家照顾她,但我总是克制不住地担心她会去世,一想到那天,那种儿时因分离焦虑所带来的歇斯底里的感觉就又涌上我的心头。"

具有这种性格特征的老年人也有同样的对于亲密感的需求。丈夫去世后,玛莎无法忍受晚上一个人住在她的公寓里。于是她安排了侄女每晚都过来陪她。过了一段时间,她干脆搬到了已婚女儿的家里。又过了几年后,当玛莎住进养老院时,她选择了合租套房,因为她想要一个室友的陪伴。所以,个性特质确实根植于一个人脑中,很难被改变。

虽然许多老年人都是独自生活,尤其是女性,因为女性的寿命通常比男性要长。但独居很可能不是他们自己的选择,而是迫不得已。对于这些独居老人来说,孤独感和孤立感会在他们的生活中累积,从而增加他们身体和精神上的脆弱性。

理想主义

理想主义是一种充满活力的性格特质,它为我们所做的一切赋予美丽的色彩。理想主义者认为人本质上是诚实、善良和值得信赖的。这是一种渗透在了宗教、灵性、神秘主义、伦理和道德等各个方面的心态。表现出这种特质的孩子会特别富于同情心,在很小的时候就会表现出对他人的关心:朋友哭了,他们就会过去安慰。理想主义者通常也是乐观主义者。他们会说:世界是向善的,我也是善良的。他们也会时常表现出英雄主义的行为并相信他人的善良。

主观幸福感

主观幸福感与你对自己的感觉有关。基本上，人可以分成乐观主义者或悲观主义者。如果你是一个乐观主义者，你会一直看到"水杯是半满的"。随着年龄的增长，人们会在心中逐渐建立起一个内部恒温器，用以不断调试自己对于生活中的小起伏或是大动荡的反应，无论这些起伏或动荡是好是坏，这种人生态度或人生观将伴随我们一生。

夏琳：永远的乐观主义者

70岁的夏琳去了一家购物中心。当她回到家时，她意识到自己把钱包落在了咖啡馆里。虽然里面的钱不多，但她的身份证、医保卡、驾照和其他一些重要物品也在里面。她打电话给了几个朋友，顺便提到了这件事。电话里，所有人都要她赶快去"冻结"一切证件和卡片，搞不懂为什么她好像既不着急也不担心。夏琳用她平静的声音回答道："我相信某个'好心人'会找到它并把它还给我的。"即使是最乐观的朋友也对此持怀疑态度，但夏琳却坚信自己的直觉并决定等待。不到两天，一个年轻的女大学生打来电话，她捡到了钱包，要亲自还给夏琳。当大学生来送钱包时，夏琳想给她一些酬劳，她婉拒了："不用，我很高兴这样做，而且很开心帮你找到了钱包。"毫无疑问，夏琳会继续是一个永远的乐观主义者。

与乐观相反的性格特质是悲观的或者说是愤世嫉俗的，即相信并常会表达出这样一种观点：大多数人都是自私、冷漠和不值得信任的。回到前面瓦伦蒂娜的例子，你可能还记得，她觉得在养老院工作的人会偷东西——她的性格就是愤世嫉俗的。这一性格特质不仅导致她剥夺了父母可以获得的最佳护理，也严重影响了她和她兄弟的生活质量。

情绪强度

虽然我们都有各种各样的情绪，但有些人的情绪波动可能非常强烈，而另一些人的则相反。如果你还记得戈登的案例的话，他就属于前者。尽管戈登的父亲希望去"试一试养老院如何"，但他还是毫不留情地拒绝了。他是属于情绪波动强度很高的类型。从婴儿时期起，戈登就是这样——他爱笑，爱哭，对人和事的反应都很强烈，而其他婴儿相对来说会平静得多。现在，作为一个成年人，当父亲只是提出想尝试一下养老院生活时，戈登的反应却相当的激烈，这是他与生俱来的性格特质在发挥作用。而他父亲的性格其实截然不同，他愿意尝试去养老院，他相信在那里他可能会感到更舒服。

值得注意的是，在养老护理中，老人不应该被视为沉默的被护理者，他们的愿望和需要应该被倾听和满足。与一般的观念不同，大多数人在老去的过程中，并不是全部都会丧失判断力。所以，老年人可以而且应该积极成为养老护理中的决策者。毕竟，这是他们的生活。

随性而为

当凯特的女儿伊冯娜邀请她搬去同住时，凯特已经80岁了。她的朋友警告凯特不要搬："你住在那里不会舒心的。孙子们会很吵，你也没办法按自己的习惯生活。"但是，向来随性而为的凯特完全不在意这些。如果我们能在凯特还是个小婴儿的时候就认识她，就会知道她是那种当你拿着一个新玩具在她面前晃一晃，她就会笑得乐开花的小孩。如果我们能跟随她读完高中，就会发现她是那种酷爱冒险、成年后会去创业的人。凯特身上这种随性而为的特质始终没有改变。所以，她搬进了女儿的家，接受了新的事物和生活，并一直住在那里，直到去世。

人们对老年人的刻板印象总是：思维僵化、固执己见、不愿意接受挑战、年级太大以致于无法学习新事物,但他们中的许多人其实依然保持着相当的灵活性。显然,凯特就是后者。而且,正如你可能已经料到的那样,她也是那种不会接受他人意见而总是自有主张的人。

对于这种性格随心所欲的老人,护理者也应该重点关注。因为老人的需求可能会随时发生变化,导致护理的计划、方法和内容也会时不时地发生改变。养老护理工作既没有职责描述,也没有可供模仿的典范,所以你有时必须要懂得如何即兴发挥——"顺其自然"是护理者经常挂在嘴边的话。

性欲

性欲,或者说性冲动,也是十二种个性特质中的一个。护理者的性冲动可高可低,相应地决定了他们希望与自己的伴侣共度的时间的长短。我们必须承认的是养老护理会减少家庭时间以及与伴侣独处的时间。

而另一方面,当被护理者是一个性欲强烈且自控力较低的人时,情况可能会变得让护理者十分尴尬。还记得兰尼叔叔和他的侄女朗达吗?有一次,当着朗达的面,兰尼对一位护士说:"我朋友的屁股很漂亮,不像你的屁股这么扁。"万幸的是这次他没有试图去掐护士的臀部。老观念认为衰老会带走老年人的性冲动,但事实上并非如此。如果进行得当,老年人的性生活可以像任何年轻人一样愉悦。他们更多的是缺少机会,尤其是对于年长的女性,因为 60 岁以上人群的男女比例,每增加十岁都会明显下降。当然,活跃而有创造力的女性总是能找到心仪的男士。

抚育心

十二种特质中,有一种是"抚育心"(nurturance),护理者在这方面的能力各不相同。我们前面提过的弗朗西斯卡,对护理自己的母亲全情投入,就是一个典型的抚育心很强的女性。当她还是个婴儿的时候,如果她看到有人遭遇痛苦,她也会跟着伤心。不仅对人如此,对动物亦是如此。与之相称的,弗朗西斯卡选择了一个可以发挥她同情心的职业——社会工作者。

只要不走极端,抚育总是一件好事。如果缺乏抚育所带来的呵护,我们谁都无法从婴儿阶段幸存下来。一个没有得到基本抚育的孩子会过上脱离现实的生活,不仅不能对他人产生同理心或依恋感,对自我也会产生分离感。成为护理者的人会发现并运用自己心中那温暖而美好的抚育特质,这个时候,我们也会从帮助他人的过程中获得快乐、满足和使命感。抚育心既影响个人,也通过使所有人更紧密地联系在一起而影响家庭。

外向

外向的婴儿喜欢受到关注,并在关注中茁壮成长。我们常称这样的人为"热爱与人交往的人",他们可能一生都保持这种状态。埃尔就是一个典型的例子,他是这样对我们描述他的母亲的:"她需要出门走走,我觉得她抑郁了,这让我很担心。她总是一个人待在家里,一个人散步。没有外人,没有刺激,什么都没有。哦,是的,她读了很多的书。但是,你知道,她需要人。我的意思是,每个人都有朋友,去聚会、去教堂、一起看电影什么的,一个人待着不好。"当被问及他父亲去世前母亲的情况时,埃尔才意识到:"好吧,现在我想起来了,她喜欢读书,喜欢一个人待着。她和爸爸相处得很好,但她似乎更喜欢独处。"说到这,埃尔笑了,"我想我只是觉得自己做不到,所以才会认为母亲老是独处不太好。"从埃尔的回答中,我们可以看出他的外向特质。

与外向相反,害羞和内向是另外一种性格特质,但这并不一定总是负面的。如果一个人自我意识里的安全感很强,他可能就不需要或不想要很多人围绕在自己身边。这与害怕受到批评或缺乏社交技巧而导致的害羞或内向完全不同。后者的一个典型例子是汤姆。汤姆现年82岁，他已经察觉到自己有了一些早期阿尔茨海默病的症状。他对我们说："我的妻子总是坚持要我和她一起参加各类社交活动，但我觉得自己像个沉默的伴侣。我永远没办法说出我想要说的话，我听到的只是周围的喋喋不休声；等我好不容易能把语言组织出来的时候，话已经早被别人说过了。然后我就像只乌龟一样，又缩回到我的壳里。"

唯美主义

三百多年前，塞万提斯在《堂吉诃德》中写道："有音乐的地方，就没有邪恶。"对于那些唯美主义的人来说，音乐、艺术和所有自然之美在他们生活的清单上总是排在高位。他们爱说"歌曲是天使的语言"这样的话。具有这种特质的人，从出生的那一刻起，他们就会对强烈的审美刺激——颜色和声音——做出如饥似渴的反应。到幼儿时期，他们热爱跳舞、唱歌或画画，其中的许多人在这些领域中的一个或多个中会表现出明显的天赋。作为成年人，他们会经常去看电影、音乐会、艺术展览、歌剧、芭蕾和戏剧。如果你年迈的父母是具有高审美情趣的人，不妨多花些时间去了解他们在这方面的偏好。

活动能力

活动能力会影响作为护理者的你。每个人的活动能力不尽相同，就像有的婴儿喜欢睡觉，有的却活跃爱动。如果你的活动能力很强，婴儿时哄你上床睡觉就是件苦差事。你总是活力无限，而且一向如此。在游乐场，你会一直玩一直跳，像个永动机，让每个人都筋疲力尽。你似乎不知疲倦并一直保持这种状态。现在你要负担起照顾另一个人的责任，请记住你是谁，并开始承担相应的义务。

老人的活动能力也是影响你的护理过程的重要因素。如果老人的需求较多,需要时刻受到关注,那么你在制订护理计划时就必须要把这一点考虑进去。如果老人晚上睡眠不好需要照顾,而你早上又有工作要做,你就必须要想办法解决你的睡眠不足问题——比如夜间请个人来帮忙。这里的诀窍是:护理计划需要匹配你和老人双方的活动能力,要理解人和人之间的区别。拼尽全力燃烧自己是错误的,因为用不了多久你就会精疲力竭,无法坚持下去。只有按自己的活动能力调节,才能获得更好的护理效果。

物质主义

物质主义的人会说:"我是一个非常物质的人。"获得那些可以被看到、感受到、穿戴或收藏的物品,是他们人生的动力所在。物质主义本身并不是一件坏事,但过度的物质主义会让人变成守财奴,不愿意分享他们积累的任何东西,包括金钱、服饰、物品或可继承的财产。厄休拉就是这样。厄休拉的婆婆是一位经济独立的女性,现身患绝症。婆婆的姐妹们想把她安置到一个舒适且备受好评的护理机构,厄休拉却强烈反对:"我婆婆不需要去护理机构。这纯粹是浪费钱。她有栋漂亮的房子,里面有她需要的一切。反正她也活不了多久了,去护理机构又有什么意义呢?浪费钱就是浪费钱。"家人都对厄休拉的吝啬感到震惊,没有理会她的意见,依然把她的婆婆送去了那间漂亮的养老院。

从现实的角度看,养老护理确实是需要算经济账的。长期住在养老机构的费用确实不菲,但居家护理的费用同样很高,甚至可能会比养老机构更高。在厄休拉的案例中,她反对送婆婆去养老院纯粹是出于贪念,而不是因为考虑到老人的护理需求和经济状况。

与厄休拉不同的是,大多数家庭在照顾老人时都是非常慷慨的,他们牺牲了自己的时间,也付出了不菲的金钱。不管怎么说,养老护理都是昂贵的。不仅是金钱上的付出,你可能还需要付出的代价包括:工作时间减少、错过升职机会、对自身专业的关注度降低、错过福利、压力大大增加以及忽略自身需求。

知性主义

富于知性的人的特点是注重"思想"。如果你护理的老人是所谓的"学究"(egghead)，并且一辈子都是这样，那么他们就非常需要一个适合这一特点的环境。对于他们来说，"攀登知识的高峰"一直是他们的人生理想。各类书籍、哲学和智力挑战对于他们来说就是生活的全部——请务必记住这一点。

如果被称为"学究"、常常言胜于行的那个人是作为护理者的你，那么你也必须知道这一点。一方面，知性是一种积极而美好的性格特质；另一方面，它也可以是一个人行动的障碍。这并不是在贬低知识分子，他们无疑是我们社会中的一个重要群体。护理者可以通过阅读、研究和思考来尝试解决问题，这都是好事。但是，最后你必须要得出结论并采取行动。如果只停留在思考层面上，并不能推动问题的解决。

思前想后的乔伊斯

智力超常的乔伊斯，拥有哲学博士学位，是本地一所大学的伦理学教授。作为独生子女，她需要照顾母亲埃莉诺。埃莉诺寡居了多年，住在富人区的一栋豪华房子里。埃莉诺正变得越来越健忘和自我封闭，甚至与她的近邻也越来越疏远。乔伊斯每个周末和节假日都会来探望母亲，时不时还会带她去美发店或去看医生。乔伊斯帮母亲付各种账单，随着母亲的房子变得越来越杂乱，她每次都得小心翼翼地先在房子里把账单找出来。一方面，乔伊斯意识到了母亲日益衰老；另一方面，她又安慰自己说，不管怎样，母亲住在一个安全社区的安全房子里，生活还是挺舒适的。

在一次探望中，乔伊斯发现母亲的手臂活动有明显的问题，但母亲却并不知道自己受伤了。她带母亲去了急诊，发现原来是手臂骨折，还好她的情况不需要手术。随后，乔伊斯聘请了一名家庭健康助理暂时和母亲住在一起。医院社工向乔伊斯建议：即使现在不需要，但在不久的将来，她的母亲会需要更多的照顾和看护。但乔伊斯认为现在她已经雇了一个临时助手了，所以并没有什么紧迫感。

两周后，在健康助理在场的情况下，埃莉诺摔倒了，又去了一趟急诊室。这一次，是脚踝骨裂。万幸的是这次也不需要动手术，但埃莉诺需要静养一段时间。乔伊斯会在她身旁给她大声朗读那些她非常熟悉的经典名著："这会让她感觉好很多。这个方法对我很有用，我知道对她也管用，可以帮助她忘记所有的痛苦。"

现在，乔伊斯被强烈建议需要为埃莉诺换一种生活安排。可她却一直思前想后，犹豫不决。她确实做了功课和研究。也去看了几间养老院，但她认为没有一个是足够好的。"我妈妈在这里肯定不会开心的。这不是她应该待的地方，没有智力上的刺激，这里的人和她也不是一个知识水平。再说，我来这里探望她也不是特别方便。"

与此同时，埃莉诺的家越来越杂乱，她越来越封闭自己，身体状况也越来越糟。但乔伊斯不想把母亲送到养老院去，怕那样会让她感到不快。她爱她的母亲，相信自己可以很好地照顾她，因为"她只不过是在变老而已，其他的都还好"。一方面，乔伊斯认为埃莉诺身上发生的变化是"衰老的正常反应"；但另一方面，她也承认母亲的生活必须要做出一些改变才行。然而，这个想法始终都只停留在思考层面，乔伊斯不能也没有做出任何决定。

衰老：成长、挑战和变化

一个人对于衰老、疾病、临终和死亡的深层认知会影响养老护理的过程。衰老是一个动态的过程，伴随着成长、挑战和变化。衰老始于出生。我们从婴儿开始,依次经历了童年、青春期、青年期、中年、老年,再到现在的"超级老年"。随着时间的推移,我们的技能和角色会发生变化,我们周围的情况也在发生变化。

那么挑战呢?衰老带来的挑战不一定是你的选择,但它确实会体现在生理的变化上。身体的衰老是题中之意,但它并不一定总是有害的。你还是可以继续做瑜伽,只是必须要根据身体的灵活程度来调整姿势;你还是可以继续跑马拉松,只是可能需要花费更多的时间。并非所有的老年人都是体弱多病的,做出一些必要的妥协和调整,可以让我们走得更远。

虽然衰老是一个正常的过程,但随着年龄的增长,有些疾病确实会因此变得更常见,这才是真正的挑战。这些疾病包括高血压、心脏病、关节炎、癌症和阿尔茨海默病。它们可能是轻度、中度或重度的,也可能是急性或慢性的。虽然某些疾病是可以通过改变生活方式、药物和替代疗法来控制的,但它们仍可能改变你的整个生活。还有一些疾病可能严重到致残,使得患者必须接受他人的护理——从最低限度的帮助到全面护理。在某些情况下,人们会不得不变得需要依赖他人,哪怕他们从来都不想那样,你必须接受和尊重这个事实。

痛　　苦

你的观念和性格深深地影响着你将如何照顾你的长辈。举个例子,如果你认为痛苦是衰老的正常组成部分,那么你可能就会忽略甚至讨厌老人们对此的抱怨和由此所产生的依赖性。不幸的是,许多医疗专业人员及整个社会都抱有这样的看法——"到了你这个年纪你还能指望怎么样?"类似这样的评论不绝于耳。

由于这种对衰老的负面刻板印象，疼痛往往会被低估、治疗不足和忽视。事实是，痛就是痛，对任何年龄都是一样的。疼痛的体验是一种强烈的身心联系。它可以影响睡眠、情绪、食欲、能量水平、身体形象和功能，并可能导致压力增加、无助、绝望和失控。

请倾听老人对你所说的话，观察他的肢体语言。疼痛可能同时影响身体的多个部位。不必纠结细节，而是尝试分析症状反映了什么，并据此采取行动，帮助他们寻求有效的疼痛管理。

临终关怀

死亡有许多副面孔。如果你相信死后有来生，你就会把死亡看作是进入另一个更美好、更纯净世界的垫脚石。如果你把死亡视为最终的结局，那么你就会用另一种方式来看待生活。持哪种看法并无对错之分。如我们之前一直强调的，你的观念会影响你作为护理者的角色，因为你的观念就是你的一部分。

在养老护理中，了解老人对死亡的看法是非常必要的。因为只有这样，他们的临终关怀才能得到恰当的规划。如果这件事并没有被讨论过，而且讨论已经无法进行，则需要检查老人有无相关的书面文件，比如医疗保健委托书（Health-Care Proxy）、遗嘱或永久授权书（Durable Power of Attorney）。如果书面文件也没有，那就请代表你所爱的人行事，做你认为符合他们意愿的事情。

现在，人们越来越关注临终关怀。无论是在家中还是在养老机构，可选的选项包括：舒适护理（comfort care）、姑息治疗（palliative care）和临终关怀（hospice）。临终关怀的团队由多学科背景的人士组成，其中可包括护士、社会工作者、医生和心理学家。作为家人，你也是这个团队中不可或缺的一部分。这里关注的焦点是"护理"（care），而非"治疗"（cure）；是提高生活质量而不是数量。例如，如果某人患有晚期癌症并选择了临终关怀，化疗或手术等积极的治疗方法将被停止，患者将接受疼痛管理、护理、个人看护，以及提供给家人和患者的失去亲人后的心理咨询。

接受死亡的迫近是一件极其困难的事。曾与亲人在同一阵线上抗争病魔的护理者必须要面对此刻的现实，重新调整精力，聚焦到临终关怀上。我们每个人都会对自己想要如何生活、如何死去做出有意识的选择。护理者和被护理者可能对这个问题有着完全不同的看法，重要的是这些不同点必须被接受——完全不带评判性地被接受。

作为上有老下有小的"三明治"一代，了解你自己以及护理对象的信念、观念和性格特质能为你提供很多帮助。"什么是好的？什么是对的？错误的呢——能改正吗？"让你的信念帮助你做出决定。

第三章 家庭万花筒：或亲或疏的家庭

> 一开始，孩子爱他们的父母；随着年龄的增长，爱变成了喜欢；喜欢变成了评判；有时又会变成谅解。
>
> ——奥斯卡·王尔德写于《道林·格雷》

父母和孩子

当一对父母有不止一个孩子时，如果你问他们："哪个孩子是你最喜欢的？"一定会引来强烈的抗议："没有什么最喜欢的。我对他们的爱都是一样的。"虽然父母可以做到给每个孩子同样多的爱，就像用温暖的毯子包裹住孩子让他们免受寒冷一样。喜欢，却是另外一回事。人们通常都会最喜欢在风格上最接近自己的孩子。原因很简单：对于父亲或母亲来说，这样的孩子更容易相处。而在天平的另一端则可能是一个"难搞"的孩子。

"他一直让我很头疼。我总是会被学校叫去谈话，这让我很难堪。更糟糕的是，我还是家长协会的顾问委员会成员。当我站起来发言时,我可以看到每个人的眼睛都在看着我。我知道他们在想什么,我甚至还能从他们的眼睛里读出同情。内心深处,我感觉自己好像在不断地缩小。他现在也还是那个样子。我是从他妻子那里知道的,因为她有时候会说,'妈妈,你什么都没教过他吗?'这时,我就会耸耸肩,'现在轮到你了,亲爱的,你来教他吧。'"

另一个妈妈讲的故事则是这样的:

"她总是与众不同。我从来都没办法理解她。我有四个女儿,但我觉得她是外星人错放到我的婴儿篮里的。她不是一个坏孩子——她只是与众不同。她一向傲娇。她会说:'妈妈,我不想和她们一起玩。她们只会讨论男孩和衣服。她们从来都不读书,就会坐在那看电视、打电话,说些毫无营养的话。我不想跟她们说话,因为我真的和她们无话可说。我在考虑读哪所大学,而她们担心的是下一次约会会怎样。'那么,她想去哪所大学呢?你猜对了,当然就是那三所最顶尖的大学。谁来帮她付学费?她觉得她的成绩应该能让她拿到奖学金。到那个时候,她的层次就远远在我们之上了。"

孩子的这些独特性不一定会随着时间而改变。上面那个喜欢捣乱的儿子,成年后还在耍他的老花招;而那个"学霸"女儿果然成了一名教授,教着她父母一无所知的文艺复兴时期的文学。

琳达并不是特别漂亮,但在她父母的眼中,她就是大美人埃及艳后"克莉奥帕特拉"(Cleopatra)。虽然她个子娇小而消瘦,他们却将她视为维纳斯。父母认为琳达不会做任何错事。14岁时,琳达买了口红来尝试。她的父亲看着她说:"琳达，你不需要口红。没有它你一样很漂亮。我知道这不是你的主意，是你的新朋友的，她不适合做你的朋友。""不，爸爸，这是我的主意，真的。她不想涂口红，是我觉得我们应该尝试一下。"爸爸对她笑了笑，"亲爱的，你骗不了我的。"琳达的父母就是认为自己的女儿是绝对完美的，在她的一生中都是如此。

成年子女和父母

让我们快进40年，看看那对调皮儿子的父母，现在怎么样了？——像许多老年人一样，他们患上了一两种慢性病，但依然可以很好地管理自己的生活。虽然他们不需要专门请人护理，但有时确实还是需要一些帮助的。"布莱恩，家里刚刷过油漆，你可不可以过来帮忙把画重新挂一下？""没问题，妈妈，我会过去的。"但日子一天天过去，他却没有出现。最后，当布莱恩终于来了时，却两手空空。一进去，他就问父母要钩子。他们看着他，"什么钩子？"他说："我以为你们有。我可什么都没有带。"于是，这些画还是没能挂起来，一直躺在地板上，直到父母打电话请邻居过来帮忙。

进入"上层社会"的女儿的父母又怎么样了呢——母亲过世了，留下父亲一个人。几年前，父亲从石匠的工作上退休。现在他每天打打牌，和朋友们在工会的大厅里消遣。女儿们会轮流来看他。当"教授"女儿来的时候，她总是要给父亲上课："爸爸，我知道你现在都是在靠自己，但我担心你的未来。我不认为你现在的生活有智力的提升，你可以来看看我附近的退休社区——他们有专业的工作人员，有各种讲座、活动和娱乐项目，环境也很优美。我觉得你真的不应该将就，应该过比现在更好的生活。"而她的父亲则回答道："我喜欢我现在的生活，我哪里也不想去。"事实也是如此。

家庭：和睦与纷争

有些家庭走过的路也许崎岖坎坷，而另一些家庭的生活却好像行走在铺好的沥青路一样平坦顺利。坎贝尔一家就是后者。斯图尔特和伊娃在高中时相识相爱并最后修成正果。两个人看起来就像是一对龙凤胎，彼此互补、相互映照。他们的爱情美好得如同好莱坞电影。夫妻俩养育了三个女儿和三个儿子，一家人和和美美，其乐融融。最重要的是，斯图尔特和伊娃视每个孩子为独立的个体，并尊重他们各自独特的才能。当一个儿子表现出运动天赋并立志成为一名体育记者时，他得到了父母的支持和鼓励。20年后，当他的名字家喻户晓时，斯图尔特和伊娃毫不惊讶，而是既谦虚又自豪。当他们的女儿罗伊娜爱上芭蕾并想要跳舞时，尽管旁人都在说，"你太胖了，你得先减减肥才行"，他们却都不以为意。大约20年后，罗伊娜如愿成了一家知名芭蕾舞团的成员。她的父母带着朋友一起来观看她的演出，朋友问哪一个是罗伊娜？母亲答道："胖胖的那一个，你看她多优雅啊！"斯图尔特和伊娃的其他几个孩子也都各自有自己的发展方向，每个人都得到了父母的祝福。

对斯图尔特和伊娃来说，变老的过程颇为顺畅。孩子们成家后，他们换了一个小房子，搬到了附近的"活力老人"社区。那里有高尔夫球场、俱乐部、会所和非常活跃的社交环境。斯图尔特喜欢高尔夫球，伊娃喜欢桥牌、卡纳斯塔牌和社交。两人还都很喜欢出国旅游，旅途中会费心为所有的孙辈们挑选礼物，回来后也会精心给他们展示所到之处的照片。这个家庭变老的过程像交响乐一样和谐，所有成员间都和和睦睦。

直到有一天早上，斯图尔特再也没能醒过来，这种完美的生活才被打破。斯图尔特之前没有任何疾病迹象，他的死因被确定为严重的心肌梗死。震惊中的伊娃要求她的成年子女们"让她一个人静静"，直到她能够"恢复"并"找回自我"。

出于对母亲一贯的尊重，他们答应了。

两年后，伊娃通知她的孩子、孩子的配偶以及年长的孙子们召开了一次家庭会议。她宣布她重新考虑了自己的生活，决定不想再一个人住，她想和某个孩子一家住在一起。至于是谁，就看谁觉得最方便，她笑着说："我爱你们每个人。"经过短暂的讨论，大家一致认为伊娃最好和她的二女儿一起住。生活就这样又走上了正轨。

虽然我们听到过很多关于家庭不和的故事以及这些家庭在养老方面所经历的痛苦，但事实是，许多家庭都是比较和美的，能够经受住养老护理的挑战。真实世界里没有那么多新闻里的狗血故事，正常或和谐的家庭还是占大多数。

兄弟姊妹

家家有本难念的经。原生家庭成员之间的关系可能如花开般美满，也可能逐渐走向破裂。很多问题如果在早期没有得到解决，那么随着时间的积累，注定会有沉渣泛起的那一天。孩子带着他们各自的性格特质来到这个世界，而父母不断替他们做着选择。孩子们之间可能从很早就会形成某种竞争关系。年龄较大的孩子可能会被赋予与其实际年龄不相符的责任。他们会抱怨："爸妈总是责怪我，但其他孩子就没事。"一个被忽视的儿子可能会在生活中逃避退缩，觉得自己一文不值，无法取悦任何人，甚至连尝试都不愿意；被赋予了很大责任的孩子则可能会感到有负担，但他们会把愤怒藏在内心，感觉"为什么总是要我一个人来做所有的事情"；控制欲强、被父母溺爱的孩子会成为他人眼中傲慢、以自我为中心、专横而刻薄的人，从而四处碰壁；喜欢讨好他人的孩子总在寻求关注，内心呐喊着"看看我，难道我不够好吗，难道就没有人会注意到我吗"；被父母偏爱的那个孩子可能会一辈子都受到父母的宠爱，但却要承受兄弟姊妹的嫉妒和愤怒。

帕蒂：被赋予责任和重担的女儿

帕蒂是家中的长女。五岁时，母亲就会派她去街角的商店买东西。她知道女儿不会买错，找回来的零钱也不会算错。"超级女儿"帕蒂每次也都不负母亲所望，圆满完成任务。路上，帕蒂看到她的朋友们都在玩。当他们邀请她过去一起玩的时候，她只能说："妈妈叫我去买东西，我现在不能玩儿。"但在帕蒂的内心深处，她很失落，觉得自己不能在想玩的时候玩。离家上大学期间，一天晚上，帕蒂接到家里来的电话，被告知有紧急情况，她必须回家。帕蒂家一共是兄弟姊妹四个，但只有她接到电话被要求赶回去。原来是母亲摔倒了，背部受伤。母亲想要帕蒂陪在身边以求安慰。后来经过检查，母亲的伤势并不严重。但在母亲的心目中，"帕蒂总是可以的"成了一种终生模式，这次也不外乎是它的一部分，而帕蒂也确实又一次没有让母亲失望。

30年后，帕蒂的母亲决定搬家，选择住在帕蒂家附近。"这样，我女儿就在附近，可以开车带我四处转转。我现在太老了，不能开车了，但她可以。"她完全没有考虑到帕蒂现在已经有了丈夫、几个青春期的孩子和一份教师的工作。搬家后不久，帕蒂的父亲去世了，帕蒂必须服从母亲每一个心血来潮的提议。当她叫兄弟姊妹来帮忙时，他们的回答却总是："不可能，我自己的事都已经忙不过来了。"帕蒂问："那我怎么可以？"他们反驳道："你一直都这样的啊，那为什么现在不能继续呢？"最终，母亲生病了，需要住到养老院去。帕蒂是唯一会经常来看望她的孩子，其他几个孩子都只是偶尔露面，且每次也只做短暂的停留。母亲去世后，帕蒂负责处理了所有的后事，包括母亲在家中留下的一个烂摊子。然而，具有讽刺意味的是，遗产最后却在所有兄弟姊妹间平分。每个人都认为帕蒂会为此感到愤怒，但她没有。她没有对任何人说出她内心的感受，她"对外的面孔"是云淡风轻的。母亲去世后，这个家庭的关系会发生变化吗？

香　醇

"香醇"通常与葡萄酒、奶酪和牛肉等有关。但人也可以变得"香醇"——随着年龄的增长，性格变得温和，棱角也变得柔和。作为一个系统的家庭也是如此。现在帕蒂的母亲已过世，不再可能时刻要求和控制她，也不再可能对帕蒂的家庭产生剧烈的影响。这个系统终于不再像从前那样绷得紧紧的，像是一座火山随时要爆发。

帕蒂现在终于有精力尝试重建她和兄弟姊妹的关系。这不可能在一夜之间完成，就像之前她被排除出他们的圈子一样，现在她不得不努力重新回到这个圈子里。她通过复制自己之前的一些成功经验来做到这一点。例如，作为一名资深教师，她主动提出辅导她的一些侄女和侄子。这受到了极大的欢迎，并成为进入他们圈子的突破口。帕蒂钢琴弹得很棒，于是她就开始在家庭聚会时弹琴助兴。酿造香醇的酒需要时间的沉淀，关系的修复同样如此。

夏洛特：尽职尽责的女儿

年迈的父母可能会成为家庭关系竞争中的棋子，在这个游戏里，权力是主题。夏洛特是6个孩子中的第4个女儿，他们家有3个儿子和3个女儿。但这个家庭的关系却并不像子女数量这样平衡。夏洛特现在搬回来和体弱多病的父母同住，这是她自己的选择，因为她感到父母需要她。有4个兄弟姊妹住在距离父母家不到20分钟车程的地方，剩下的最后一个住得也不算太远，短途飞行可达。但这个大家庭支离破碎，内部有许多分歧，而且似乎从来没有得到解决。假期时，他们中的大多数都有自己的安排，而夏洛特和父母也不会组织什么特别的家庭活动。在这个大家庭里，愤怒永远不会被公开表达，其他的情绪也被隐藏，家人之间几乎没有交流，尽管他们在各自的小家庭里并不是这样的。

如果我们更深入地了解这个家庭，就会发现在那些陈年的矛盾之下，有着更深层次的原因。父亲是个瘾君子，一生中的大部分时间都依赖毒品和酒精，这对他的家庭产生了巨大的影响。在这些伤害当中，家人的羞耻感和屈辱感只能算是最微不足道的。母亲一直都在逃避，假装什么都没有发生，外人根本无法看出这个家庭有何异样。面对这种伪装，一个儿子得了精神病，一个女儿也成了瘾君子。尽管每个孩子看起来都相当聪明，但他们中没有一个达到了与其潜力相匹配的职业高度。

夏洛特揽下了照顾父母的全部重担，帮她的兄弟姊妹承担了所有的养老责任；然而，他们却对她非常不满。甚至有人暗地里说，别看夏洛特看上去老实，其实是个贪婪的人，她是在打自己的小算盘。但实际上，夏洛特完全是出于责任感才去照顾父母的。随着时间的推移，本就糟糕的手足关系变得更加恶劣。

父母不曾善待他们，他们也没有善待老去的父母。至少在这一点上，其他几个子女达成了一致。宽容与和解没有在这个家庭发生。父母过世后，子女们四散而去，关系更加生分。如果说这其中有一个人内心是安宁的，那就是夏洛特。她已经做了所有她该做的——对她来说，这就是生活的意义。

不同的家庭配置

现在的家庭已经不都是由父亲、母亲、儿子、女儿和一条狗组成的"标准配置"了。因为一半的婚姻会以离婚收场，而家庭结构也会随之出现新的排列组合。更不必说还有单亲父母，一个人挑起一个家庭的担子。回到我们之前关于帕蒂的故事，想象一下，如果她当时是个单亲母亲和职场妈妈，在这些重担之上还需要承担起父母的养老责任——你一定会说"这是不可能完成的任务"，但这并非不可能出现。事实上，单亲父母也一样会陷入"三明治"的局面里。

格蕾丝：逆来顺受的女儿

格蕾丝是一位30岁的行政助理，也是两个孩子的妈妈。格蕾丝60岁的母亲和他们一起住在一个舒适的房子里。随着年龄的增长，母亲的健康状况逐渐恶化，住进了医院。经过紧急治疗后，母亲被转移到了养老院进行康复治疗。格蕾丝的母亲本就不是一个温柔的人，即使在养老院里，她也维持了以往强势的性格，而电话就是她的管理工具。每当她想要什么的时候，她就会拿起电话给女儿下达命令。格蕾丝一向顺从，总是盲目地听从母亲的指令。随着时间的推移，母亲的要求变得越来越不合理。当格蕾丝没能立即回应时，母亲便马上打电话向别人求助，这让格蕾丝为自己的反应不及时感到内疚。

旁人都会提醒格蕾丝：你有一份全职工作、两个孩子和一个生病的母亲，负担已经很重了，而你母亲的要求有时是很不合理的。正如一位朋友对她说的那样："格蕾丝，听着，你就像花生酱三明治里的果冻，被挤来挤去。你得更像花生酱一些，坚定起来，有自己的原则。"对于格蕾丝来说，这样的改变是一个很大的挑战，但她决定开始向那个方向努力。

重组家庭

尽管个性风格颇有差异，但缪丽尔和戴夫相处得还算不错。对他们两个人来说，这都是第二次婚姻了。戴夫是一位成功的商人，颇为富有，家务会雇专人打理，他们拥有多台汽车和一艘船，出国旅行也是常事。缪丽尔和戴夫都喜欢社交，有很多朋友。他们各自的孩子似乎也相处得颇为融洽，一大家子会在一起度假。直到风暴来临之前，生活看上去都非常美好。

那天，戴夫因为心脏病发作而昏倒，并因此住进了医院。手术很快就完成了，戴夫回到了家中。但手术的结果并不是那么理想，缪丽尔被告知戴夫需要不间断地看护，而她则需要负责起监督和协调的工作。缪丽尔一方面感觉自己被困住了，另一方面又因为自己有这样的想法而感到内疚。"我没有料想到会这样。我觉得我做不到，我还得照顾好自己呢。戴夫是有孩子的，现在应该轮到他们来发挥作用了。我年轻的时候已经照顾过一个丈夫了，不想再来一次了，够了。"

缪丽尔强烈地感觉到因为自己的存在，戴夫的孩子们没有承担起相应的责任。于是，她召集了一次家庭会议，坚持要求戴夫搬去和他的一个孩子一起住。他们答应了。幸运的是，他们之间没有发生财务或财产方面的纠纷。但可以预见的是，一家人一起度假的场景是不会再出现了。正所谓，志不同，道不合。

祖辈抚养孙辈的家庭

你已经尽力了——你和丈夫的婚姻美满，孩子们看起来也还不错。你的儿子结婚了，儿媳妇像是一个出身于和睦家庭的可爱女孩。你和她的父母经常一起吃饭，一切看起来都很好。三个孙子从幼儿园到了公立学校，然后，炸弹爆了——"你的儿子和他的妻子因贩毒而被捕。他们现在在监狱里，我觉得他们这次的麻烦有点大。你最好到市中心来一趟。"你听到他们的律师对你这样说。你崩溃了：这怎么可能？我们哪里做错了？这是一场噩梦，还是真的？

儿子和儿媳俩被证实是一个大贩毒集团的关键人物，他们被判得很重。于是突然间，你和你的丈夫，两个六十多岁的退休教师，接手了他们的三个孩子——年龄分别为8岁、11岁和13岁。好像命运之神觉得让你们养育一次孩子还不够难似的，现在又给了你们一个完全无法预料的"机会"。而这还没完，为了让你们这个两面夹击的"三明治"成为双层大份的，命运还让你们中的一个有一位88岁的老母亲住在养老院里，你得经常去探望她。

在这些困难面前，你的第一直觉是逃避，但你知道你不能真的那样做。现在必须要打起精神来同时处理生活的无数碎片。从前的你绝对不会料到有今天这样一个局面，但作为生活的幸存者，不管怎样，你都还是会想办法应付。依靠着祖父母的力量，这个家庭将会迎来新的结构和新的打开方式。生活，总是要继续的。

多代老龄化家庭

这是一栋住了两个家庭、三代人的房子：女儿、女婿和他们的两个儿子住在楼上，祖母和曾祖母则一起住在一楼。女儿需要全职工作，她那患有残疾的丈夫待在家里。下面要介绍的情况可能听起来颇为奇怪：73岁的祖母患有中度阿尔茨海默病；94岁的曾祖母却依然头脑敏锐，可以清楚地告诉你今天、昨天或以前发生的事情，连细节都不会遗漏。曾祖母不仅负责这个家庭的所有日常采购、烧饭，而且还负责照顾留在家里的另外两个人。

在一个结冰的日子，曾祖母在冰上摔倒并伤到了臀部。女婿见她迟迟没有从市场回来，感到很担心。没过多久，警察就出现在了门口："你的祖母住院了。"危机瞬间降临到了这个家庭。家里的关键护理者不在了，不仅如此，她现在还必须要接受别人的护理。那谁可以来当护理者？没有人。整个家庭在急剧的转折中分崩离析。女婿因为严重的冠状动脉血栓，离开了人世。祖母不得不被安置到养老院。而曾祖母则住进了康复中心。刚刚经历丧偶之痛的女儿，面对这一切不知所措。而她所能做的就是每天努力工作以保住饭碗。她那两个上大学的儿子不在家里，尽管他们很担心，但她还是建议他们继续留在学校好好学习。

这个家庭里的成员，彼此关心、相亲相爱，很有凝聚力。但当一个主要环节断裂时，整个家庭就可能像多米诺骨牌一样坍塌。曾祖母是将三明治粘在一起的馅料；没有她，也就没有三明治了。

晚婚家庭

"我要穿婚纱了。她会是纯白色的，带着长长的拖尾，我还会戴上一顶头冠，垂下一帘朦胧的面纱。我的朋友们都觉得我疯了，但我清醒得很。你看，我今年

62 岁了，这是我的第一次婚姻。他结过两次婚，但没有孩子。他比我年轻 10 岁，对我很着迷。我们从来都不讨论我的年龄。"

乔伊的喜悦藏也藏不住，虽然这里也有一些隐忧——它来自与 87 岁的母亲的对话。"亲爱的，我真为你感到高兴。曾经我都已经放弃了要看到你结婚的念头，因为你不停地约会、约会，但从来都没有开花结果。恭喜你现在终于找到了真爱。但是，我的宝贝，你知道我一直都对你很诚实：你是我唯一的孩子，对我来说非常珍贵。现在我有些担心——你有了丈夫和新的生活。我以后还能再见到你吗？"老母亲努力想克制住，但泪水依然从她的脸颊上滚落下来。乔伊向母亲保证道："妈妈，别担心，麦克斯知道你的一切。虽然他只见过你几次，但他已经喜欢上你了。你是我的一部分，我也是你的一部分。他说，当你坐着轮椅来参加我们的婚礼的时候，他会推着你走上红毯，你将成为我们婚礼仪式中很重要的一部分。所以，妈妈，你不但不会失去一个女儿，还将得到一个儿子。"

当一个家庭中各个成员之间的纽带非常紧密时，这种良好的关系会很深入，并能一直保持这种状态。乔伊的案例就是如此，这是一个简单而可口的单层面包三明治。

家庭的历史无法被改写。你有你的个性，你的父母也有他们的脾气。父母的性格无法完全逆转，他们与包括你在内的孩子们的经历也无法推倒重来。但是，只要有爱、理解和关怀，各方的态度和观点都是可以有所改变的，就像摇动万花筒可以让你获得新的视角和体验一样，了解你的父母和你自己会让你的晚年变得更加幸福。

第四章 聚焦问题

> *衰老和青春不可能并存，青春充满欢乐，衰老充满悲哀。*
>
> ——*莎士比亚*

即使在一切进展最顺利的情况下，承担起另一个人的生活也不会是一件容易的事。但在生活的有些阶段，这种担当又几乎是不可避免的。更令人无可奈何的是，老年人最需要帮助的时候，往往也正是你的生活最复杂、责任最重的时期。

你可能和长辈们已经一起经历了一场又一场的危机，每次你都希望这是一个孤立事件，过去了也就过去了。但事实并非如此，有些问题不但可能持续存在，甚至还会升级。随着时间的推移，你心中对夕阳红的完美幻想正在慢慢消散，严酷的现实不断逼近。解决问题才是当务之急。

变　化

你已经注意到，随着一个人年龄的老去，各种生理和心理的变化也会随之而来。有些人的变化开始得比较早，有些人比较晚。有些人的变化是循序渐进的，不会失控——而其他人的则可能来得十分突然。不幸的是，这里没有一个统一的时间表可供参考。有些变化在你的姑妈身上可能很早就出现了，而在你母亲或父亲身上很晚才发生；反之亦然。这里的差异因人而异。

衰老带来的最明显的视觉变化可能是皱纹。但事实上，身体的每个器官和系统都会以自己的速度随着年龄的增长而变化，了解这一点非常重要。视觉、听觉、人脑功能、心脏、骨骼等都是如此。举个例子，一个满脸皱纹的 80 岁的老人，看上去确实与他的年龄相符，身体其他方面的机能也在下降，但可能仍然保持着和 50 年前一样的 1.0 的视力。除了"正常的"衰老之外，疾病也常和老龄相伴而生。疾病的发展有时是慢性的，有时是急性的；有的明显，有的难以察觉。不管怎样，不变的是"变化"本身。对于这些改变，你能做什么？我们谁都没有可以预测未来的水晶球。我们所能做的就是观察眼前的这个老人，看看他现在如何，需要什么——他是个什么样的人，现在有了些什么变化。

了解你所爱的人现在的模样

你可能已经认识这个人很长时间了，你觉得你对他已经十分了解，但他的一些小变化仍可能逃过你的眼睛。这里首先要做的是，收集护理对象"现在"的信息（见表 4.1）。如果你的亲属因急性（突然发作）疾病或慢性疾病（如肺气肿或糖尿病）的突然恶化而住院，那么他的主治医生会是个很好的一手信息来源。如果他是在家中出现慢性（持续）问题或慢性疾病的急性发作，那么他的全科医生或家庭医生（primary doctor）则是你询问的首选。然而，一些长者讳疾忌医，让他们去看医生本身就是一件说起来容易做起来难的事；还有一些老人，无论是出于刻意隐瞒还是不愿承认现实，或是两者兼而有之，都不会和你分享太多信息。

你需要的信息并不只是医疗信息——还包括社会的、心理的、情感的、财务的、法律的和周遭环境的因素——所有关于护理对象现在的生活是如何运作的一切因素。条件会变，人也会变。你的长辈去年或上个月，甚至是昨天所需要的东西，也可能和他今天的需要毫不相关。观察和信息收集工作必须细致而持续。你所学到的将成为制订护理计划的基础。

表 4.1 评估护理对象"现在"的状况

诊断	诊断结果是什么？是否需要进一步的检测
预后	患者康复/恢复功能的机会有多大
治疗	选择有哪些？选择的风险、收益及替代方案？
康复需求	如果住在医院或其他医疗机构，患者可以回家吗？如在家中，需要什么相应的护理？
其他注意事项	社会的、心理的、财务的和法律的问题

急 性 病

急性疾病常会发生。这意味着没有任何预警，事情就发生了变化。对于罗斯玛丽的家人来说，抑郁症将作为妻子和母亲的罗斯玛丽变得"面目全非"。情况在很短的时间内就从"还好"发展到"不那么糟"再到"很糟糕"。当他们注意到情况在急转直下时，就必须要迅速采取行动。

罗斯玛丽的抑郁症

罗斯玛丽是一个非常漂亮的女人。她一直对自己的外表过于敏感且高度自恋。在与托尼的长期婚姻中，他们养育了两个女儿和一个儿子。他们未婚的女儿莉莉安是一名教师，选择和父母住在一起。托尼在家庭中从来都只是一个被动的、仰慕者和旁观者的角色；家里的话事者常常是莉莉安和她的兄弟姊妹。罗斯玛丽不喜欢莉莉安，甚至从不掩饰这一点；但莉莉安依然是一个孝顺的女儿，而且总是觉得自己有义务帮助父母和兄弟姊妹。

作为家庭主妇，罗斯玛丽热衷于装扮家和她自己。她花很多时间在自己的外表上：每天散步，去健身房锻炼，参加舞蹈课，定期去美容院。她读很多关于美容和时尚的文章，紧跟电视上的时尚潮流。一切都似乎顺风顺水。但接下来，急剧的变化在没有任何预警的情况下，突然到来。当罗斯玛丽70岁出头时，她突然变得社交恐惧和性格孤僻起来。"看看我，"她说，"我的皮肤在萎缩，我的眼睛和以前不一样了，我的乳房——算了，不提也罢，她们就像两个干在锅里的煎饼。那么，还有什么用呢？"

当家人建议罗斯玛丽去美容或者做手术整容时，她看起来像是被吓得不轻，从此变得更加与人疏远。她常常坐在角落里盯着镜子，然后哭泣。她的日常机能急剧下降，几乎完全停止了进食和饮水。家人的谈话和恳求都无济于事，罗斯玛丽既不愿意改变她的行为也不想去寻求专业帮助。

等家人终于将罗斯玛丽送往医院时，检查结果显示她并没有任何身体疾病，于是她被送进了精神病院。在那里，她还是拒绝进食或饮水，也不肯吃药，连集体治疗和活动也不愿参加——她也不会与任何人交谈或允许任何人跟她说话。工作人员报告说，她唯一做的事情就是面无表情地坐着，一直盯着镜子看，一看就是几个小时。当儿女们问她："妈妈，你想要什么？"她的回答是："我想死。"尽管托尼会频繁地去探望罗斯玛丽，并总是为她的康复而祈祷，但他还是将治疗的决定权交给了孩子们。莉莉安带头担起了这个责任。当然，决策前她都会事先征询兄弟姊妹的意见。

了解基本事实

假设你是莉莉安,你会如何评估你母亲现在的状况?你最初的想法可能有这些——目前这种情况还能持续多久?抑郁症对母亲的身体已经造成了哪些伤害?为什么在这之前她从来没有说过"我想死"这种话?莉莉安首先选择咨询的对象是罗斯玛丽的精神科医生和治疗团队的成员。

她的诊断是什么?为什么她会患上这个疾病?之前是否已有我们应该早点进行干预的症状?现在我们应该怎么做?

可选择的治疗方案

"你的母亲患有严重的临床抑郁症,并伴有精神病特征。"医生说。你问:"她是真的想死吗?她的治疗方案是什么?她真的可能饿死她自己吗?可以通过静脉或经胃管强制喂食吗?如果她不肯吞药,可以注射药物吗?还有什么其他的治疗方法?"医疗团队解释道,强制喂食和强制服药会存在法律问题;然而,他们也非常担心时间已经所剩不多了,因为罗斯玛丽已经出现了脱水和营养不良的情况。他们指出,药物需要一定的时间才能发挥作用;建议使用一种更快、更有效的技术:电休克疗法(ECT)。

家人们听到这都惊呆了,马上表示反对:"我们一直听说电休克疗法会把人变得像行尸走肉一样,而且会让她再也回不到从前的那个样子。"医疗团队先尝试着让他们平静下来,然后解释说,电休克疗法一直以来受到了不公平的负面评价,实际上,这是一种在时间紧迫时非常有效的治疗方法。"这样你的母亲才更有可能恢复到她以前的状态。虽然这一点不能完全保证,但在我们的经验里还是经常看到好的结果。我们会尽力而为。"治疗团队随后给了罗斯玛丽的家人们一些文献以供阅读，让他们来决定是否同意使用这种疗法。接下来，家人们提出了更多的问题——她康复的机会有多大？她还要在这家医院待多久？不久后，丈夫托尼作为近亲，根据法律签署了治疗同意书。

那么治疗后罗斯玛丽所面临的下一步会是什么？家人们对此的问题是：她能否有一天回家和我们住在一起？还是说她必须得住进另一家医院？又或者，将她送进养老院，但她还这么年轻？治疗团队表示对结果尚不确定，但认为家人同意使用电休克疗法是积极的第一步。三次电休克疗法后，当莉莉安来访时，罗斯玛丽问她要了一把梳子、一面镜子和一支口红。这给了莉莉安和家人希望。治疗小组也认可了这一变化，但提醒说事情仍然具有不确定性。

面对这种不确定性，莉莉安的脑子很乱：

我要怎样才能做到既忠于自己，又做出我认为最正确的决定？如果母亲能够回家，那就是最理想的了，我可以搞定那个局面。但是，如果她必须住到康复机构去，我肯定会内疚不已。我知道我自己，到那个时候我肯定会茶不思饭不想，像具僵尸一样过日子。不仅是我，如果真到那个地步我相信我父亲也会活不下去的，然后我就会感到更内疚。这一切发生得实在是太不可思议了，我们谁都没有料到会出现这种戏剧性的变化，也完全没想到事情会变得这么糟。真的是太悲剧了！

抑郁症：一种精神疾病

临床抑郁症不仅仅是偶尔感到悲伤或"忧郁"，这是一种严重的疾病，可持续很长时间，甚至可能危及生命。抑郁症的严重程度有很大差异，并非所有抑郁症患者都像罗斯玛丽一样。患者可能出现的症状包括生理上的不适——其中最常见的是失眠、疲劳、食欲不振、嗜睡、疼痛和各种身体问题。旁观者可能会注意到患者的情绪变化——如悲伤、哭泣、绝望和持续的悲观想法。然而当被问到时，老年患者可能更关注其身体症状而忽视了情绪症状。事实上，不仅老年人本身对抑郁症的认知不足，正式或者非正式的护理人员也低估了抑郁症的危害，专业医疗人员对抑郁症的治疗也存在不足的现象。

在被黑暗吞没的过程中，抑郁的人已经放弃了挣扎。他们常常觉得生活已没有什么可期待的，对他们曾经热爱的活动失去兴趣，并且笃信没有人真正关心他们。于是，有些人会因此而自杀——这无疑是非常令人遗憾的。我们必须要始终清醒地意识到自杀是抑郁症的潜在致命后果。自杀意念可能被患者表达出来，也可能被其隐藏。在罗斯玛丽的案例中，她确实不时会说"我只想死"这样的话，因为她已经完全地放弃了自己。一旦患者的口中冒出有关"自杀"的字眼，哪怕看起来像是随随便便表达出来的，也必须要认真对待。此外，还要密切关注绝食以及其他形式的自我放弃。

老年人易患抑郁症的风险因素与年轻人相似，即女性、未婚、丧偶、压力大以及缺乏社会支持。在年轻人中，与抑郁症最常见的合并情况是人格障碍和药物滥用；而对于老年人来说，则是并存的各种疾病。因为睡眠障碍、身体不适、注意力不集中、对死亡的关注、焦虑和悲观本来就可能与身体上的疾病同时发生——出于这个原因，医护人员往往会忽视这些是抑郁症的迹象，或对其不屑一顾，认为它们不过是衰老的"常态"。而对于生理上已有疾病的老年人来说，抑郁症无疑是一种"双重打击"。此外，抑郁症可能"伪装"成类似于老年失智症，或与老年失智症一起发生从而造成混淆。

一系列的抑郁性疾病

研究显示，抑郁症有不同的类型。除了由心理问题（通常涉及"失去")所导致之外，生理因素也可能是催化剂。有的人一生都患有间歇性发作的抑郁症；而另外一些人，抑郁症可能是在其老年时才第一次发生，通常与重大的生活变故有关——例如失去配偶或亲近的人；丧失视力、听力、行动能力、记忆力或性能力等身体能力；丧失职业前途、失去地位和收入、失去熟悉的住所；或由沉迷酒精和毒品所导致。抑郁症可能会导致或使生理疾病恶化；反过来，生理疾病，如心脏病、中风、帕金森症和癌症，也可导致或助长抑郁症。两者互相影响，让双方的治疗和恢复都变得更加复杂。

家庭——作为一个由不同成员组成的整体，如果其中有一个需要护理的成员患上了抑郁症，那么整个家庭都必将深受其消极、无助和绝望的状态所影响。但是，请记住，你的存在和你的帮助，可以弥补抑郁症对家庭所造成的伤害。作为护理者和治疗支持者的你，可以帮助你所爱的人从抑郁症的泥潭中挣脱出来。用一位抑郁症患者的话说，那个可怕的泥潭就像是一个"情感垃圾堆"一般。

抑郁症的治疗方法

还好现实也并不全是消极的——抑郁症通常是可以被治疗的，有多种生物的和心理的疗法可供选择。虽然在某些情况下会需要使用罗斯玛丽所接受的电休克疗法，但一般使用的是药物和（或）某种形式的心理咨询进行治疗。这些干预措施的组合被认为是最有效的。根据需要，药物既可以是抗抑郁药，也可以是与其他短期或长期药物的组合，以治疗诸如失眠或焦虑等特定症状。心理咨询则可以帮助患者重塑思维方式，改变消极的态度。长期或短期的咨询方法都可用，任何一种都可能颇有成效。护理者也可以在征得咨询师同意的情况下参与一些疗程，从而更好地学习如何帮助患抑郁症的老年人。运动、瑜伽、太极、针灸、按摩、舞蹈、散步、兴趣爱好和令人愉快的活动也对治疗大有裨益。

像在罗斯玛丽的案例中一样，急性疾病会影响你的整个生活，也会影响整个家庭。罗斯玛丽患的是精神疾病，但在老年人中，生理疾病更为常见。

卒中（中风）：致残的首要风险

当大脑的一部分失去血液供应时就会发生卒中（中风）。有些卒中会致命，有些会留下严重的残疾，有些则甚至不为患者所知。脑卒中的严重程度取决于大脑的哪个部分受到影响，以及有多少大脑组织遭到破坏。大多数人在脑卒中后幸存下来并可恢复部分或全部的活动能力。许多人需要全面的康复和护理服务。人们越来越重视通过控制高血压和心脏异常等危险因素来预防脑卒中，但脑卒中仍然是导致死亡和残疾的常见原因。

马修：致残性脑卒中的受害者

马修是一位72岁的律师，有天吃完午饭后感到头晕目眩。"我刚才吃了些什么？虾看起来没什么问题，冰茶也不错。我怎么会感觉怪怪的？我的头好像都不是我自己的了。"然后他觉得右臂有些刺痛。马修打电话给他的秘书求助，这时的他已经摇摇欲坠，难以说出话来。秘书打电话叫了医护人员，当他们赶到时，他们立刻知道发生了什么：脑卒中。马修被紧急送到了医院，到达时他已经右侧瘫痪，语言能力也受到了影响。在最初的48小时内，医生都无法对预后做出判断。马修的妻子，68岁但仍然充满活力的海伦，被叫到了病床前。马修和海伦没有孩子，于是海伦通知了马修的弟弟兼律所合伙人鲍勃。

海伦和鲍勃充满了疑问:"一个精力旺盛、看起来挺健康的人怎么会得脑卒中的?之前有没有被我们忽略的征兆?他能完全康复的可能性有多大?脑卒中预后有什么需求?"医生对这些问题逐一做出了解答。

住院一周后,治疗组建议将马修转到康复机构进行物理治疗、语言能力恢复治疗、作业疗法、认知治疗和护理。康复治疗通常可在以下地点进行:专门的康复机构、亚急性治疗机构、专业养老院中的亚急性病房、急症医院中的可转换病房(swing bed)或家中。医生建议马修在专门机构接受过渡性护理之后再回家,这也正是海伦和马修所希望的。于是,制订出院计划的专员给了海伦一份相关机构的名单。

选择康复设施的要点

海伦一开始有点迷茫,面对这份名单一时不知该如何选择。她可以通过咨询马修的医生、在网上搜索、询问朋友等办法,先将名单缩小到几个的范围。然后,海伦应该亲自去参观这些机构,看看他们如何能打动她。这里有一些需要考虑的条件——包括所需服务的可获得性、机构的距离远近和服务质量(见表4.2)。

一想到需要暂时送丈夫去养老院,海伦感到既紧张又心烦意乱。还好鲍勃在她身旁给予了支持和鼓励。她应该考察哪些要素?——设施的清洁度、患者的仪表、员工与患者的比例、员工对患者的响应程度和可获得性、每天实际提供的康复时间以及员工对访客和问题的欢迎程度。她应该感到受欢迎并受到有尊严的对待。该机构的关联医院是哪家?马修有可能会突然需要再住院吗?最后但同样重要的是,谁来为这些服务买单?

表 4.2 选择康复和长期护理机构的标准

考察形式	电话/网站/地图	实地参观/考察
考察内容	1. 所需服务的可获得性——作业疗法、物理治疗、语言能力恢复治疗、认知治疗——不同设施所能提供的项目的多寡和程度都不尽相同。如果患者需要在现场进行静脉输液，机构可否提供？ 2. 如果患者使用的是"管理式护理计划"（managed care plan），那么该机构是否可以使用医疗保险或与投保的保险公司签有合同？这些将决定你在自付费用外，医保可以承担多少费用。 3. 对护理者的便利性——离家越近越好。 4. 服务质量——可通过相关专业网站查询养老院质检报告、询问卫生管理部门，或咨询朋友和家人。 5. 该机构的关联医院是哪家？（以应对亲人需要再次住院的情况） 6. 在该机构中出诊的医生名单。	1. 环境、舒适程度、清洁度、患者的仪容仪表。 2. 人员配备——每个班次为每位患者配备有多少护理人员？数字是一个指标；而对请求和呼叫铃的关注度、迅速响应的程度是另一个更重要的指标。 3. 员工的态度和举止。观察：他们是否友好和礼貌？他们乐意回答你的问题吗？ 4. 活动——有患者可以参加的各种活动吗？ 5. 质量——查看机构最新的质检报告。 6. 家庭访客——他们看起来满意吗？在你参观时不妨询问他们。

<u>支付住院康复费用</u>

康复护理费用通常由"Medicare 医疗保险"来支付，但家庭也可能需要负担一定的自费部分，具体取决于患者是否还投保了其他保险以及保险的种类。海伦必须要查明该机构是否已获得医保的认证（大多数是）。机构会先向患者提供一个预估方案，包括预测自付费用的多少及住院时间的长短。Medicare 医疗保险的具体支付额度取决于患者的病情。如果额度用完了，患者将需要自行支付剩下的费用，或者寻求其他医疗补助或长期护理的保障方案。

马修接下来要面对的是什么？当马修出院回家时会发生什么？他的自理能力还剩下多少？他能安全地独处两个小时或四个小时吗？他是否

完全不能独处？68岁的妻子海伦，一个狂热的高尔夫球爱好者和俱乐部会员，现在成了马修的主要护理人，她旺盛的精力将如何释放？虽然海伦的生活已经被改变了，但她也应该有自己的生活。海伦可以减少一些自己的活动，再聘请一个全职或兼职的家庭健康助理，这将帮助她在照顾马修和拥有一些自己的生活之间找到平衡。海伦和健康助理的一大责任是密切观察马修是否有任何新的症状或问题，并汇报给他的医生。

马修现在是一个残疾人，他的生活环境必须进行调整以适应他的需求。例如，如果卧室本来是在楼上，现在他必须搬到楼下住。浴室门的宽度足够轮椅通过吗？他能够到水池吗？他可以进入淋浴间吗，那样安全吗？如果有答案是否定的，那就必须做出相应的改变。患者出院前，康复机构的工作人员应该访问患者的家，并提出相应的修改意见——他们可能会建议在淋浴间和马桶周围添加扶手；添置淋浴椅、手持花洒和升高的马桶座等物品。如果该机构不提供此项服务，他们可能会将海伦介绍给当地的"家庭保健项目"以寻求帮助。此类服务是收费的，但非常值得，毕竟安全始终应是首要的考量因素。

未来会怎样呢？对于一个律师来说，失去哪怕只是部分的语言能力也是灾难性的，马修可能不得不退休。退休将会对他们的生活有何改变？海伦现在需要在家庭财务管理中扮演更重要的角色，她对此是否能够胜任？如果不是，她就必须请专业人士帮助——比如他们的律师、会计师或财务规划师。

海伦和马修的生活都发生了翻天覆地的变化。海伦需要寻求外界的帮助来适应突然加在自己身上的两个新角色：决策者和护理者。一个充满爱心、忠诚的妻子，面临一个与过往完全不同的生活，她将如何应对？海伦需要面对现实，而且她也确实做到了。

卒中的严重程度和强度不同，结果也可能不同，患者对服务的要求也不相同，并非每个人都必须面临相同的选择。卡门的女儿奥利维亚就没有面临和海伦一样的困境。在卡门的案例中，她的卒中后果比较轻微，通过周全的生活方式的改变，她仍能找到新朋友和新兴趣。

卡门：较轻微卒中的幸存者

卡门是一个消瘦而麻利的70岁老人，她的工作是教师助理。一天下午从学校回来后，卡门感觉"非常奇怪"。于是她打电话给女儿奥利维亚叫她过来一趟。奥利维亚来后，注意到母亲说话含糊不清，她怀疑是卒中，赶快拨了了急救电话。结果确实是，尽管程度比较轻微，卡门还是住进了医院。

卡门是个寡妇，独自住在城中一间简陋的房子里，房子所处的地区经济不是太好。卡门自己开车，车子虽旧但车况还不错。房子是自有的，小而整洁。卡门的工作给了她额外的收入和医保福利，包括非常实用的处方药保险。卡门非常独立，也是教会的活跃分子。她和自己唯一的孩子奥利维亚和10岁的孙女伊万杰利卡关系非常亲密。

几天后，卡门出院了，她的运动能力完好无损；但语言能力受到了影响。现在的她不能够很好地组织语言。当她说话时，句子是支离破碎的。她的短期记忆也受到了一定的影响。大脑的磁共振成像（MRI）显示在这次卒中之前，卡门其实还有过两次小卒中，只是她自己并未察觉。奥利维亚感觉卡门现在的医生没能很好地控制住她的高血压，决心帮母亲寻找更好的医疗服务。

卡门的下一步是什么？本来出院时，卡门是同意住到奥利维亚家去接受语言能力恢复治疗的，但她最希望的还是一个人回到自己的家中。为此，他们咨询了专业人士，得到的回复是，如果卡门不能用电话表达清楚需求的话，让她独自居住就是不安全的。言语治疗的结果只让卡门的语言能力得到了部分的恢复。现在卡门被建议搬到附近社区的辅助生活机构（assisted living），这样既方便家人和朋友的造访，又可让卡门继续参与教会的活动。同时她也会住在一个更安全的社区，不会为房子和汽车所累。

以卡门的现有资金再加上出售房子的收入，她将有足够的钱来支付数年的护理费用。奥利维亚对可供选择的机构做了些研究，找到了一个她认为最适合母亲的。然后奥利维亚带着卡门和伊万杰利卡去实地参观了一下，三个人都很满意。

搬进辅助生活机构后，卡门遇到了一位前同事，两人成了朋友。卡门的生活有了巨大的变化：她住进了一个大单间公寓，里面的家具和纪念物是她自己带过去的。每天，她会在漂亮的餐厅享用三餐，有专人负责打扫和维护她的房间。她的日程表被丰富的活动排得满满的，去教堂和看医生都有人接送。另外还有人来管理她的服药情况，健康状况也有一名护士负责监测。家人和朋友经常来看她，正像卡门所说的："一切都非常好。"

在卡门顺利适应新环境的同时，奥利维亚却有一些心事——她对"破坏"了母亲的家心怀愧疚。无论辅助生活机构有多么好，做出让母亲搬去那里的决定都不容易。一方面奥利维亚为自己的家没有额外的卧室可供母亲住而愧疚；另一方面她也明白，如果母亲真的搬来和她住，会处于整天都是一个人的状态，孤立无援，因为她自己是需要全职工作的，不可能待在家中护理卡门。所以，尽管有所顾虑，最终她的敏感和同理心帮助她拥抱了这一改变。奥利维亚经常去看望母亲，令人振奋的是卡门在那过得相当不错。"谁说衰老就是走下坡路？他们应该来看看我的母亲。"她主动说道。

伴有急性问题的慢性疾病

艾拉的晚年在其他人看来无疑是在"走下坡路"。她最大的心愿就是和家人待在一起，在家中养老。她的价值观、信仰和偏好是如此的强烈，支撑着她熬过了截肢手术的痛苦，并度过了复健过程——那预示着她即将回到家中。家是她唯一想去的地方。

坚持在家中养老的艾拉

70岁的艾拉患糖尿病多年，她和她的大家庭住在一个独栋房子里。她有两个单身的女儿和两个孙子。寡居多年的"女族长"艾拉是这个大家庭的话事人。除了糖尿病，她还患有肾病，需要每周透析3次；腿部的伤口感染导致她需要一侧截肢。艾拉因此住院治疗了很长一段时间，然后又在康复机构住了很久。当艾拉可以出院回家时，从医学角度看，她的病情很复杂，有许多因素需要评估，生活方式也需要重新规划。

艾拉家的房子已经很老旧，完全没有助残无障碍设施。于是他们做了一些基本的改造：在车库到房子之间修了一个坡道，加宽屋门，以方便她的轮椅进出；艾拉卧室的门也被加宽以供轮椅通过；房间内的家具被重新摆放，她自己的衣橱也进行了改造，以便她可以独立使用；通过从相邻的房间"借出"一些面积，浴室扩大了；淋浴间改造后可供轮椅进出，同时加装了一个淋浴椅和扶手；厨房的桌子也换了一张，好让艾拉可以直接坐在轮椅上进餐，因为对于艾拉来说，和家人一起用餐非常重要。

艾拉有多种并发症，所以她需要接受密切的医疗监测并频繁就医——这些都由她的女儿们负责。女儿们都很孝顺，但她们也意识到光凭她们自己是无法完成所有这些任务的，于是她们做出了如下的安排：聘请了一名家庭健康助理，以协助每天的个人护理；每周3次由救护车运送艾拉去附近的医疗机构进行透析；聘请一个家庭保健机构为她的伤口提供护理服务、物理治疗和营养咨询；订购了伤口护理用品、糖尿病检测用品、成人纸尿裤和药物的送货上门服务。

艾拉所需的护理既复杂又昂贵。幸运的是，她可以同时享受两种医疗保险福利。在家里，政府医疗保险可以用于支付伤口护理和其他专业护理、治疗、一些护理用品以及透析的费用；而另外一份医疗保险可以用于支付雇用家庭健康助理、医疗运输和医疗用品的费用。

非常重要的是，这是一个合作无间、相互支持和乐于奉献的家庭。家庭成员像一个团队似的紧密合作，拥有相同的信念、价值观和对生活的理解。他们勤奋工作，从不推卸自己的养老责任，以从容和愉快的方式履行职责。毋庸置疑，艾拉对能够回家并亲自陪伴心爱的孙子们充满了感恩之情。

进行性长期疾病

在某些情况下，如果有机会能尽早做出计划，将有助于之后的目标达成和资源安排，并且有可能根据长期需求的变化进行调整。这正是多萝西的案例给我们的启示。

多萝西：当失智症发生时

68岁的寡妇多萝西和儿子肖恩、儿媳卡罗尔一起打理着一家咖啡馆。她的另一个儿子蒂姆是职业军人，与家人住在海外，多萝西和他们通过电话和电子邮件沟通。大家庭每年聚会一次。多萝西、肖恩和卡罗尔一直努力紧跟最新的饮食潮流——在咖啡馆提供低碳水、低脂肪和低热量的食品和饮品，这让他们拥有一批忠实的客户。多萝西在咖啡馆负责点餐和收银，肖恩和卡罗尔则负责管理厨房和员工。一天，肖恩和卡罗尔突然注意到多萝西的外表仪容有一些不对劲，倒也不是什么大毛病：比如衣服上有一些食物污渍；衬衫皱皱的；她穿着她最喜欢的裙子，但有几个纽扣却没有扣好；她戴的首饰也不搭。他们猜这大概是因为多萝西最近感染了流感还发了高烧，可能有些顾不上打扮。

但是接下来，多萝西又有了别的不对劲的地方：她开始重复自己说过的话；

有时还会变得不耐烦、好争辩，甚至好斗；这与她平时的个性大相径庭。她的孩子们还是没太放在心上："这也没什么，就她的年龄而言，她已经很棒了。"又过了几个月，多萝西变得似乎有点糊涂——她有时会算不出找零应该是多少——事情开始变得不妙了。她的记忆力似乎也在大幅衰退。

卡罗尔担心多萝西出了什么事，恳求肖恩与他的母亲谈谈，并坚持让她去做个体检。多萝西看了医生，回来说："该查的都查了。"情况并没有好转，卡罗尔做了一些研究，在附近城市的一家医院找到了一个老龄中心（Center on Aging），为多萝西预约了一个全面的老年保健评估（Geriatric Assessment）。为了让多萝西放心，卡罗尔保证她会陪她一起去。

什么是"老年保健评估"？

老年保健评估是对老年人的综合评估，由在老龄化和老年人特殊问题领域受过培训的专家团队进行。团队成员通常包括专门从事老年保健学、神经病学和心理学的医生、护士、社会工作者和心理学家。该团队特别关注记忆力减退、跌倒、失禁、使用多种药物以及不同疾病之间的相互作用等问题。值得注意的是，尽管需求很大，但并非每个医疗机构都设有老年保健专科。

多萝西就记忆减退问题进行了咨询。经过三次面诊，她接受了完整的身体检查、实验室化验、大脑成像（核磁共振成像）、与神经科医生的咨询和神经心理测试。最终结果在一个医生会诊中公布，多萝西也在场。结果显示：多萝西患有阿尔茨海默病，目前症状比较轻微，但随着时间的推移可能会恶化。医生开出的药物可能可以减缓阿尔茨海默病的进展，但不能阻止或逆转它。医疗团队向多萝西表示，她能得到早期诊断是很幸运的一件事，并强烈建议她和她的家人们积极为未来提前做打算。"幸亏发现得早，不然就更糟了。"多萝西心想。

多萝西需要每三个月去复诊一次，如果必要还可更频繁，以便医疗团队监测她的健康状况。他们给多萝西提供了一份资源清单，上面有包括阿尔茨海默病协会、专业的老年护理经理（geriatric care managers）和老年护理律师的信息。多萝西的情况颇复杂——社会的、情感的、财务的（她是咖啡馆和他们所住房屋的共同所有者）和法律的（她从未起草过授权书或任何关于医保问题的书面文件）。医疗团队建议多萝西和家人一起聘请一位专业的老年护理经理，帮助他们理清这些头绪，协调他们的未来计划并提供情感支持。家人们感到颇为紧张，因为他们从未想到过阿尔茨海默病会发生在自己家人身上。卡罗尔开始感到恐慌和焦虑："肖恩以后也会这样吗？到时我们的孩子们会怎么做？"

漫漫"长征路"的规划

多萝西和她的家人现在仿佛置身于一场风暴之中，不得不为注定会到来的闪电做好准备。阿尔茨海默病是一种逐渐恶化的疾病，但在不同的人身上发展的速率不尽相同。了解这一点至关重要，必须根据患者的病情发展情况来制订相应的计划。

这家人咨询了一位老年护理经理，以帮助他们制订计划；同时聘请了一名律师来处理他们的法律事务。知道多萝西喜欢工作，他们鼓励她继续工作，但会仔细观察她可能出现的任何衰退迹象。他们一起住在一栋联排的房子里，这也方便了家人们密切关注多萝西的状况，在必要时及时进行干预。这可能会是一个漫漫长征路，他们决心一步一步来。

斯特拉和乔治：当生活不按常理出牌时

斯特拉和乔治都是七十多岁，身体健康、富有精力；两人的婚姻长久、牢固且恩爱。他们有两个儿子，约翰和特里。约翰是一位48岁的销售经理，喜欢阳光和水上运动，几年前他与妻子蒂娜及家人从纽约市搬到了佛罗里达州。他的父母则选择留在北方，母亲半开玩笑地说："你知道的，约翰，佛罗里达州的老年人实在是太多了。"第二个儿子特里与他的妻子艾琳也选择留在纽约市。

一天清晨5点，电话发出了尖锐的响声。约翰赶紧抓起电话，希望没有吵醒蒂娜："喂？"但他几乎听不到另一端传来的低沉的声音，"请大声一点，我听不到，而且现在才凌晨5点！""抱歉。"电话的另一头是他的弟弟。"特里，"约翰低声道，"怎么了？你还好吗？"那头传来几乎无法辨认的语句，"约翰，"特里低声说，"爸爸去世了。"

约翰大声喊道："哦，天哪，不可能！我昨天刚和他通过话，他挺好的啊。"

特里说："我知道，但昨天晚上晚些时候，他有些胸痛。妈妈开始以为是因为他吃得太多了。但疼痛并没有消失，而是变得越来越重。妈妈吓坏了，她打电话给我。我打了急救电话，然后披上外套就赶了过去。当我到那里时，爸爸已经在救护车上了，我和妈妈陪他一起去了医院。警察、护理人员和医生都做得很好。我们希望出现奇迹，但是没有。父亲刚到医院就去世了。快得就像一根火柴被吹灭一样，他的灵魂已经离开了他的身体。"

约翰沉默了，直到他听到自己说："所以，妈妈现在是寡妇了。"

寡　　妇

陷入寡居状态的斯特拉现在正在走进一个新的世界，一个未知、陌生、充满黑暗和不确定性的世界。她必须学习如何生存——这并不是说她以前是完全依赖于乔治的,而是因为那时的她生活中有所爱之人;乔治的去世仿佛将她身体的一部分也带走了。

失去伴侣是一种毁灭性的打击,随之而来的将是一段悲伤和混乱的时光。哀伤通常混合着多种情绪反应:麻木、冷漠、渴望、悲伤、自责和内疚;以及包括失眠和疲劳在内的身体症状。当然,不同的反应取决于每个人的个性,以及与伴侣关系的亲密程度。情绪和身体反应的持续时间也有个体差异。

对于同样悲痛的儿子们来说,这也是他们人生的重大损失。然而,他们必须继续往前看。他们可能会急于提出一些解决方案,例如——"妈妈,搬来和我们中的一个一起住吧。"然而,刚刚成为寡妇的人可能需要一些自己的时间和空间,才能做出任何一个重要的决定。对斯特拉来说,想要怎样生活是她个人的选择。她也许希望原地不动;也可能希望做出一些改变,比如住到别处或搬家。

斯特拉现在的处境类似于处在一个悬崖边上,她需要时间来思考。她还没有准备好制订任何计划。特里和约翰现在所能做的就是体谅她的感受,用同理心倾听,表达出真正的关心,让他们的母亲知道他们就在她的身旁。

每个人生而不同,衰老的情况也相异。随着时间的推移,岁月对你的改变会以不同的形式、大小和速度出现。这些变化的发生并不是线性的,它们或是逐渐地偷袭你,又或是突然地把你打翻在地。生活起起落落,没有千篇一律的状况,也没有"放之四海而皆准"的解决方案。只有了解你所护理的人、清楚他们的需求和反应才能摸索出解决之道;而了解你自己也是这幅拼图中不可或缺的一部分——理解这一点对于如何做好养老护理,并在这一过程中始终保持清醒和理智至关重要。

第五章 规划：制订蓝图

当你已经仔细分析了你所护理的人的情况、聚焦了所存在的问题，那么你现在所面临的挑战就是着手制订一份详细的计划，包含所有应考虑的正面或负面因素。如果你已经确定了问题并制订了短期计划，那现在就是为长期计划描绘蓝图的时候了。就像制订预算一样，这个计划是一个预估、一个指南，目的在于通过主动预判问题而不是被动应对来减少未来可能发生的危机。

建立对话

良好规划的第一步是：与你的护理对象开启这个讨论。理想情况下，当你开始为未来做规划时，一切仍在掌控之中，你还可以与长辈们讨论他们的情况。如果他们对此可以接受并能够参与进来，那么你的规划工作量就会减轻不少。有时，讨论可以慢慢来，不必着急；但有时候，计划的时间必须缩短，例如发生了急性疾病或护理人员的情况发生了重大变化时。

召开家庭会议

会议的目标是研究问题并寻求解决方案。如果你的亲人无法参加，你也可以在他们缺席的情况下召开家庭会议。会议需要讨论的重要议题有：后勤、医疗、法律、心理和财务等方面的问题；以及寻找可以来协助的专业人士。

召开这种家庭会议可能是颇具挑战性的，因为并非所有的家庭都相处和睦。往日的积怨可能会浮出水面并形成障碍。在扎克和克劳德俩兄弟的案例中我们将看到这一点：他们延续至今的竞争关系成为绊脚石。

扎克和克劳德：竞争对手

"你是爸妈最喜欢的那个，而且总是占尽便宜。妈妈和爸爸看不到，但我看穿了你。现在他们年纪大了，你却什么都不为他们做，总是在找借口：忙，忙，忙。那么这一切都是谁在做呢？我。"

扎克比克劳德小三岁，现在是一名医生。克劳德是一名律师。父母总是称扎克为"我们那个做医生的儿子"，却忽略了克劳德和他作为著名检察官所做出的出色成绩。

现在，有一些关于父母养老的决定必须要做了。他们的父母都已经八十多岁，父亲开始变得糊里糊涂，他有时会在寒冷的夜晚穿着睡衣出去，把邻居们都吓坏了。母亲的视力也变得不好，而且她完全不知道自己的丈夫在做什么。解决问题迫在眉睫，但两兄弟却无法达成共识。克劳德说："如果我们现在不采取行动，我无法预测将来会发生什么，但肯定不会是好事情。"扎克却回答道："你真是个操心的命，放松一点，他们没事的。不行，我现在必须得走了。"家庭会议没有开成。

会　议

当会议召开时，哪些人应该参加？一般来说，第一次会议应该回避被护理者；当然，这也可以视具体情况而调整。在某些情况下，会议的召集者可能就是被护理者本人。最好是所有的兄弟姊妹都在场；如果有人因距离或其他原因不能到场，也可通过电话或视频参加会议。子女的配偶或伴侣可以由子女在会议之后进行转述。会议应该要有一个主持人，这非常重要——比如社工、出院计划员（discharge planner）、医生、顾问、老年护理经理、神职人员——一个了解情况并能确保每个人都有机会发言的人。主持人还可以确保会议能按时按计划地推进。

会议应该在哪里举行？如果会议参与者都无异议的情况下，会议首选在某个家庭成员的家中举行；或者可以安排在一个中立的地方，比如会议主持人的办公室、医院或养老院的会议室。

会议应该安排在什么时候？在出现问题或发现问题后应该尽快安排会议，同时也应该选择一个大多数参加者都方便的时间。有时可能需要进行不止一次会议。

会议设置

会议应该如何设置？最好先搜集尽可能多的可用信息，包括适用的文件，例如持久授权书（Durable Power of Attorney）、医疗保健委托书（Health-Care Proxy）、生前遗嘱，以及关于健康保险、长期护理和人寿保险的信息。出生证明和社会保障卡的副本也需要准备好。应把所有已有材料列在一份清单上以便管理。主持人和子女们应该一起商量，制订出一个正式的议程。不过，重要的并不是会议形式，而是里面所包含的内容。现在是开始沟通的时候了。应该有一个专人来作会议记录,以作为将来行动的参考。请记住,所有参会人员都应有发言和表达意见的机会,即使他们的意见并不受欢迎。表5.1给出了会议议程的范例。

表 5.1　家庭会议的议程

事实:	
诊断	★ 需要进一步评估 ★ 需要寻求更多专业医生的意见 ★ 治疗方案,包括风险、收益、替代方案和费用
预后	★ 病程 ★ 可能的结果 ★ 时间 ★ 可能的并发症/复发
医疗	★ 可选择的方案:当前的和未来可能的 ★ 被护理者的愿望 ★ 地点 ★ 是否愿参与研究型治疗
马上需要关注的事项:	★ 起草表达被护理者意愿的文件 ★ 被护理者的决策能力 　—被护理者可用于护理的资金 　— 被护理者抗拒护理的情况 ★ 确定主要护理人 ★ 总体管理 　— 家庭成员之间的分工 　— 解决纠纷
后勤:	★ 住房 　— 目前的和未来的 ★ 交通
法律问题:	★ 现在的和未来的 　— 企业所有权、房屋所有权、既得权利
财务	★ 现在的状况 　— 获取途径 　— 可用的保险 ★ 现有的和潜在的权利

哪些内容需要被讨论

被护理人士现在的健康状况需要被讨论：回顾已知的事实；确定现有的诊断（状况）；现在病程在哪个阶段，预期的结果是什么（预后）？在这个阶段，是否需要考虑进一步的评估；或是寻求其他的医疗意见；或是转去其他医院接受不同的治疗方法？此外，还需要讨论不同的治疗方案，其风险、收益、费用、替代方案和便捷程度。

想象一下，如果你的父亲刚被诊断出患有一种罕见而致命的癌症，你已被告知了不同的治疗方案、风险、成本和替代方案。同时你也被告知，父亲的情况不容乐观。这时，你听说在国内的某个地方有一种更激进的治疗方法，而你的姐妹们也打听到在国外还有别的治疗方式。但父亲已经被这个病折磨得身心俱疲，十分焦虑，甚至不愿意谈论它。以前他曾说过："人反正是要死的，我希望不要让我遭太多罪。"但他只是口头这么说过，并没有留下任何书面的记录，他也没有立生前遗嘱，或是签订任何医疗保健委托书。那么现在该怎么办：情况很紧急，必须要做一个决定，但父亲又根本不愿意和你讨论这个问题。你记得他曾说过消极治疗的话，但他只说过一次，之后再没有提过，那会是发自他内心的实话吗？

到底是选择最保守治疗方案还是激进一些？如果是后者，这是否算违背了父亲的意愿？你是否做好了放下所有事情，不远千里去搏一把的准备？那样做的花费将是多少？如果父亲从异地结束治疗回家后，发生了并发症该怎么办？本地的医生是否会愿意配合你去异地治疗的方案？如果不行，该去哪里找医生？——这些都是你需要做出的选择。如果你决定去异地治疗，你可能还得考虑在治疗期间搬去那边，这样可以离主治医生近一些；不然的话，你得跟父亲的医生讨论出一个便于你们双方合作的方法。

被护理者的精神状况

被护理者的精神状况需要被关注。你认为他们是否有能力为自己的事情和护理做出决定？他们的精神状况是否有可能好转？是否有书面文件（委托书）指定了第二决策人，或是表达了关于医疗护理的意愿？如果没有，那么子女中是否有谁曾和父母就医疗护理的意愿进行过讨论？你的父母是否会愿意参加研究型的治疗计划？如果是，是否有什么先决条件？他们的情绪状况如何？他们是否有抑郁的症状？是否有否定疾病、疑病症（hypochondriacal）或抗拒治疗的状况？

被护理者的能力和弱点

被护理者是否需要接受监护或个人护理的服务？他们是否有能力留在家中接受护理？他们可以指示或监督自己的医疗助手吗？房屋是否需要改造？他们表达出了哪些信念和偏好？也不要忘记他们自身仍具有的长处和强项。

他们的财务状况

被护理者的财务状况如何？你或你的兄弟姊妹是否已经仔细检查了房子的每一个角落，以寻找支票簿、银行对账单、股票账户对账单、债券和现金？你是否找到了保险单？你是否找到了保险卡？当然，所有这些都属于被护理者的财产，请把它们列成一个清单。这些资金是否可用于目前的治疗和护理？被护理者的财务状况将影响现在和未来的护理计划。

解决争端

研究一个解决争端的机制是必要的。冲突可能围绕不同的问题出现：护理的性质（标准护理或实验性护理）；积极干预或姑息（舒适）护理；护理的地点（哪家医院，留在家中或去长期护理机构）；以及你将要选择依靠的专业顾问。如果有一个指定的医疗保健代理人，那么他可以根据现有文件赋予他的权力行事，并可以考虑或否决其兄弟姊妹所提出的反对意见。但如果所有人都被赋予了同等的权力，就需要对如何解决争端达成一致——可以是"少数服从多数"的原则，或是在指定的外部人员的协助下解决。如果发生财务纠纷，则以授权书为定夺的依据。

独生子女

如果你是你父母唯一的孩子，你该怎么办？你应该和专业人士开个会，带上你的配偶或好友；也可以考虑带上你的表亲、侄女或阿姨——任何一个积极参与家庭事务，有可能成为你的护理帮手的亲戚。请记住，护理工作可能已经或正在成为一项你无法独自完成的重要工作。你将需要从家人、朋友、邻居和专业人士那里获得尽可能多的帮助。

罗玛丽：独生女

罗玛丽有着年幼的孩子们和一份高强度的工作。她年迈的母亲弗洛拉住在国家的另一边，弗洛拉丧偶且几乎没有什么收入，财务状况也不好。一天，罗玛丽收到了一个来自出院计划员的消息："弗洛拉突然住院了，目前她不能再独自生活，必须接受长期护理。"惊讶的罗玛丽随即打电话给母亲，却发现母亲已经糊涂了，除了说"我生病了"之外，无法提供任何其他信息。罗玛丽反复尝试再联系那个出院计划员，电话却总是被转到语音信箱。而她这时又无法立即放下一切登上飞机，因为她的丈夫正出差在外；而她也不能永远坐在电话旁等待回电。充满挫败感的罗玛丽决定在母亲的所在地聘请一位老年护理经理。于是她拨打了美国职业老年护理经理协会的电话。

一位护理经理随后拜访了弗洛拉，对她进行了评估并与医院工作人员进行了交谈。护理经理也认为弗洛拉已不能再独自生活,她与罗玛丽讨论了各种可行的方案,并帮助弗洛拉找到了合适的安置机构,让她住了进去。罗玛丽认为:"(护理经理)帮我省了很多后顾之忧,我现在知道妈妈正在受到照顾。"罗玛丽计划在不久的将来去看望母亲,到时顺便将母亲的公寓退租。

开家庭会议是个好主意,但必须要根据具体情况具体分析。每个案例可能会有一些共同点,但它们又都是不同的。对于独生女罗玛丽来说:会议的"谁"很明显;"时间"是"立即";"地点"变成了"电话和电子邮件";议程很明确;行动的紧迫性很高。当母亲远在千里之外时,她无法了解具体情况,只能选择一条她所能找到的最好的路。

主要护理人

整个护理过程需要有一个人来主导和负责。谁将是主要护理人?有时答案可能很明显,因为有一个子女一直在发挥带头作用,愿意并且能够继续担任这一角色;兄弟姊妹们也一致认为这是最好的安排,他们会互相支持。但在另外一些情况中,兄弟姊妹之间可能没有信任,过去的矛盾和冲突经常重新出现。潜在的分歧可能是为了竞争成为"最好的那个孩子",又或者是希望获得他们认为自己应得的某些遗产——情况和动机各不相同。所有各方从一开始就需要准备好做出妥协。

你应该成为那个主要的护理人吗?是时候拿起放大镜研究问题,找出最优选择的时候了。有一堆问题需要回答:我爱的人(被护理者)一直以来的状况如何?他们当下的状况如何?他们需要什么?他们想要什么?以我对衰老的有限知识,我该如何找到正确的行动方案?我可以成为主要护理人吗?我的强项是什么?制约我成为主要护理人的因素有哪些?我实际上可以有多少精力来做这件事?如何处理家庭事务中的"烫手山芋"？有矛盾的家人如何能够握手言和、彼此扶持？而且，最重要的是，我应该从哪里开始着手？

界定责任

首先，找出被护理者的直接需求；其次，根据上述需求确立目标；最后，根据这些目标制订详细的行动计划。指定一名家庭成员负责某些具体的职责，比如：家庭的后勤与维护、监督患者护理、陪同患者就医、支付账单以及与医生、保险公司和律师的沟通。如何分配职责取决于各个家庭成员自身的长处和短处，以及各项事务的频率和强度。一切都要视情况而定，但是，相互支持始终是必要的。

明确职责

举个例子，一个女儿负责日常的护理活动，例如：雇用、管理和监督家庭护理人员，准备药物以及与医生的沟通。另一个女儿负责日用品和食品的采购、家庭的后勤与维护。两人都会陪同母亲去看医生。第三个孩子住得很远，但被指定成了授权委托人，将负责管理财务、支付账单并与保险公司和律师打交道。第四个孩子想提建议，但又不同意承担任何职责和义务。那该怎么办？在这种情况下，你可以让他表达，但并不必理会他的意见。也许，随着时间的推移，他会改变主意，知道加入你们才是最好的方式。

制订每日行程

制订总体计划始终是必要的。对于需要居家护理的人来说，制订一个详细的时间表更是关键。应该始终将老人（被护理者）的愿望和偏好放在首位。他们现在的喜好和习惯是多年养成的，很难轻易改变。如果他一直习惯晚起，那就不要在七点钟开始他的一天。相反，如果他总是六点就起床,那就务必要在制订时间表时考虑到这一点。

一天通常从个人护理开始——洗澡、穿衣和梳洗。谁来负责这一块,何时以及多久进行一次?让老人尽可能地保持他们一贯的打扮是大有裨益的。例如,喜欢定期去美容院染发和做造型的女性应该继续保持这一习惯。每天都打领带上班的男士也可以继续这么穿着,即使他的情况已经发生了变化。

无论如何,都不应该让被护理者穿着脏了或破了的衣物。对他们外表的赞美永远不能缺席——"多漂亮的裙子啊!""您的口红颜色真棒!""这条领带可真不错!"对自尊的重视怎么样都不为过。

对于如厕需要帮助的人来说,这是一个应该被重视的问题。护理对象可能需要定时被带去上厕所,比如每两小时一次;或者在被提醒、提示时去。此外,被护理者还可能需要个人卫生方面的帮助。如果因大小便失禁而需要使用尿不湿的话,护理者需记得定时更换尿不湿,并对相应部位的皮肤进行细致的护理,以避免引起不适及皮肤破损。

药物管理

即使对于完全有自理能力的人,管理多种药物也可以是一件颇为头疼的事。对于体弱的老人们就更是如此,健忘、衰退的视力、协调能力差或不明确的说明书都可能导致危险的错误。事实上,药物的相互作用或药物使用错误是老年人被送去急诊的最常见原因。你将如何解决这个问题?负责这个问题的人,必须是一个大部分时间都在被护理者身边、并了解情况的人;对于独居且家人不在附近的被护理者来说,愿意帮忙的邻居或朋友也可以作为药物管理者的角色。各种药物要分类有序存放——方便取用,尽可能保持服药时间的一致性:饭前、饭中或饭后。应与医生和药剂师一起制订出最佳的服药时间表。不再需要的药物应该及时扔掉。

安排膳食和活动

应当尽可能安排营养可口、老人喜欢的食物，均衡的营养也是必不可少的。护理者和家庭健康助理需要了解老人在饮食方面的偏好和限制，比如是否有过敏、吞咽困难等情况，以及老人是否存在使用器具的问题或无法自己进食的情况。在家接受居家护理的老人可以选择去老年中心或社区活动中心等场所吃个午餐，参与社交活动。护理者应当提前了解老人的各项安排，做好预约和准备工作，可以设置日程表进行管理；尤其不能忘记安排好老人去活动时所需的交通工具。

预防跌倒

跌倒在老年人中极其普遍，其后果会导致老人生活质量的下降甚至于死亡。积极预防摔倒是绝对必要的。必须消除一切危险隐患，比如松动的薄地毯和其他障碍物。家具应当坚固耐用、放置平稳；尽量选用带扶手的椅子；避免地板湿滑；光线方面应注意防眩光和均匀照明；楼梯的两侧都应该设有栏杆，以增加支撑作用；浴室应进行安全改造，例如升高马桶座圈和安装扶手、在淋浴间安装扶手和座椅、脚下放置防滑垫；手杖、助行器和轮椅等行动辅助工具需要易于取用且维护良好；老人、护理者和保健助手应当接受一定的培训，以熟悉所有设施的使用和维护方法；家中杂物必须及时清理干净；家中常走的通道必须保持通畅，无障碍物，以便老人可以自由安全地走动。

克里斯：体弱而志坚的老人

克里斯是一位80岁的鳏夫，现在住在老年公寓里。他来自美国中西部的一个小镇，在那里他将孩子们抚养长大，并照顾妻子直至她去世。家庭成员之间关系紧密，但居住的地方相隔遥远。他有两个已婚的儿子和六个孙子。大儿子保罗住在 60 英里（96.5 千米）外的一个城市，另一个儿子埃里克则住在一个需要乘坐飞机才能到达的城市；孙辈们分散各地；两个儿媳都有全职工作。克里斯曾有过一次严重的中风（脑卒中），那几乎击垮了他。飞机将他送到大儿子保罗所在城市的一家大医疗中心做了神经外科手术。经过一段艰难的治疗过程后，他的健康状况得以恢复，可以转到康复机构。无论两个儿子如何说服他，克里斯都坚持要选择位于自己家乡的康复机构，不愿意住在两个儿子所在城市。

康复治疗进展顺利。从康复机构出院时，克里斯的状况是：一条腿跛行，行动力受限；还有一些语言障碍和轻微的记忆问题。他带着助行器回了家，临行时医生嘱咐他要坚持门诊复健，并且不可以开车。

两个儿子们都恳求克里斯搬去和他们一起住，或至少住在附近，但克里斯坚决拒绝了。他想留在自己的家中，回到同一家机构进行门诊复健。克里斯自己的计划是：可以使用镇上的老年交通工具去康复中心或医院；他的邻居、同时也是他的钟点工，愿意稍微增加一些工作时间；饮食方面，他可以享受"轮椅上的午餐计划"（Meals on Wheels）这个社区福利，或是在康复中心吃。但他的家人们对他这个计划依然提心吊胆，一是担心他的这些安排都不是那么牢靠；二是担心他一个人在家出什么状况，尤其是在晚上。

尽管克里斯和他的家人在他应该需要多少照顾方面意见不统一，但克里斯同意将他的财务和账单交给儿子保罗管理，并签署了授权书；同时指定他的另一个儿子埃里克为自己的医疗健康代理人（Health Care Proxy）。上次在他中风时，这两个安排都没有到位，现在才算是正式开始了对养老的未来规划。

克里斯自己的计划只持续了大约 6 个月，因为不开车对生活方式的影响比他想象的要大得多。他发现，经常请别人开车送他，是一件费时又费力的事。

出院时儿子和儿媳们劝说克里斯的话，现在他终于都听进去了。一天，克里斯打电话给儿子保罗，问保罗是否愿意带他去"他附近的辅助生活机构（assisted living）"。保罗有点惊讶，但照做了。

看过这家机构后，克里斯立即说他很喜欢这里，并搬了进去。虽然这与他之前的老年公寓很不同：由花园公寓变成了高层楼房，由小镇变成了城市。但克里斯很快就适应了，并喜欢上了这里的活动和额外的优点——离儿子和儿媳很近，他可以去他们家和家人一起吃个晚饭。搬过来后，克里斯的行走和语言的能力都得到了改善。目前一切看来都很不错。而且，最后我们听说，克里斯已经"对大堂另一头的女士心生好感了"。

现在的房子合适吗？

年长的父母应该留在他们的住所吗？他们的房子是否适合目前的情况？请带着下述问题，环顾四周：房屋的结构是否适合老年人居住？房屋是不是在高高的山上，即使是走一小段路也会让他们气喘吁吁？房子的每一层是否都有卫生间，是否需要上下楼梯才能到达卫生间（尤其是当他们腿脚不便时）？房屋的维护成本高吗？房屋取暖的成本高吗，即使父母可能只在房子的一部分空间内活动？租金或住房成本是否与他们当前的收入不成比例？他们坚持留在家中养老只是为了将房子作为遗产留给孩子们？

社会支持呢？他们是否与家人、朋友和邻居疏远，或者远离公共交通设施？住在他们附近的朋友和熟人搬走了吗？他们是否无法在紧急情况下获得帮助？他们的生活是否有很多困难，尽管他们不承认？如果你对其中几个问题的回答为"是"，那就应该考虑做出改变了。

紧急响应系统

在做出大的改变之前,一个可行的步骤是在老人家中安装"个人紧急响应系统(personal emergency response system)"。这通常是一个类似于项链坠子的挂件,它与电话系统相连,在紧急情况时如果按下挂件上的按钮,警报便可直达中央监视器。这适用于有跌倒风险,或是有可能需要紧急医疗帮助的人;当然,也可以只是为了稳妥和安心之用。

对于独居的人来说,个人紧急响应系统令人心安,因为这让他们知道自己可以在需要时获得帮助。阿格尼丝患有严重的关节炎,膝盖和臀部经常疼痛,这让她很容易摔倒。她很喜欢个人紧急响应系统——"它让我很有安全感"。另一方面,尽管这些设备使用起来很简单,但对于失智症患者来说可能还是会有困难——也可能在关键时刻想不起来使用它。但失智症患者的伴侣通常会喜欢这些设备,因为他们已经无法依赖自己那有障碍的伴侣,而这些设备可以帮助他们寻求救援。

住所的选择

虽然可以通过对现有房屋的重新装修以更好地满足居住者的需求,但是通常也会存在顾虑,比如装修的费用以及所需耗费的人力和精力。在一些案例中,尽管目前的居所让老人们感觉孤单和被隔离,但他们还并不一定愿意换个地方。

让父母搬来和你一起住会是怎样的状况?他们可以占用你已成年的子女的房间,或者是增加一个带浴室的房间供他们居住。这会带来些什么?这将如何影响你的隐私和生活方式?你的配偶愿意接受这种"打扰"吗?他愿意和你的父母"分享"你吗?即便是聘请了家政人员,护理父母会给你带来多大的压力?

居家护理并不总是那么容易,它需要好的规划、监督和协调。居家护理也可以非常耗时耗力。而且,根据需要,居家护理也可能很昂贵。

每个人都是独一无二的,没有"一刀切"的、适合于所有人的行动计划。有时,可以考虑创造性地解决问题。在下面的案例中,朱迪、她的女儿和女婿就想出了一个好办法。

朱迪

朱迪患有类风湿性关节炎多年,在离家不远的心理健康诊所工作。尽管身体受到病痛的折磨,但她还是坚持工作。朱迪开一辆改造过以适应残障人士的车,走路使用助行器。在状态好的情况下,她喜欢去参加一些文化活动。

朱迪住在一所大房子里,家里有一个年轻的大学生租客。朱迪只向她收取低廉的房租,以换取她帮自己做一些家务和杂事,但她的时间有限。朱迪已婚的女儿拉娜、拉娜的丈夫埃文和他们三个年幼的孩子住在距离朱迪家4小时车程之外。他们时常通电话,假期时,女儿一家也会来探望朱迪,他们之间的关系一直很紧密。

最近,朱迪的病情恶化了,这让一直乐观的她抑郁了。朱迪不想告诉别人自己的真实状况,总是说:"你们放心,我没事。我还可以坚持。"而事实上,她只能勉强维持正常的生活。拉娜和埃文察觉出了问题,决定做点什么。

他们给朱迪打去了电话:"妈妈,拉娜和我讨论了很久,我想把我们的想法告诉你。所以,请先听我们说,然后再告诉我们你的想法。我们决定搬家。我的工作让我可以在任何地方远程办公。而纽约对我们来说一直都很特别,我们想搬过去和你一起住。那间房子很大,我们可以重新把它设计一下,并照顾好家里的一切,这样你就可以做自己喜欢做的事情,而不必操心房子什么的。孩子们都很喜欢你，我们也是。我们想这样做可能对我们所有人都好。你觉得怎么样？"

朱迪抽泣着回答道："我简直不敢相信。你们真是太好了，就像梦想成真一样。"而后来的事实也是如此。

虽然这种安排对朱迪来说是很好的，但它未必适合你的家庭。两个家庭住在同一个屋檐下，即使在最理想的情况下，也会带来各种压力——不同的生活方式、不同的年龄、不同的个性、不同的财务状况、相互竞争的需求和不同的兴趣都会给生活带来挑战。但生活是动态的，事情也可以发生变化，这里的诀窍是一定要权衡利弊，谋划周全，做出慎重的选择，毕竟这是你的生活。

其他的居住选择

其他的一些养老住房选择是老年住房（senior housing）、集合住房（congregate housing）、共享住房（shared housing）、辅助生活机构（assisted living）、不间断护理型退休社区（Continuing Care Retirement Communities，CCRC）和养老院（nursing homes）。在上述每个类别里，又可细分出多种选择。鉴于"老龄"市场的庞大体量和增长速度，更多选择正在出现。可供父母们选择的选项将取决于：他们的自理能力、财务状况和喜好。请注意，并非所有老年人都希望只和老年人待在一起。在家庭会议上，不妨讨论一宿现在和未来的住房安排。如果确定需要搬去某种养老住房，请决定搬家的最佳时间——是现在还是以后？所有的决策都一定程度上取决于"是否准备好了"。有时，这是需要时间来解决的。

在碧翠斯的养老经历中，时间扮演了很重要的角色——因为护理她的家人自身的健康出了大问题，导致她不得不马上做出决定搬进养老机构。

碧翠斯：幸福地住在自己选择的养老院里

92岁的碧翠斯和女儿露安、女婿弗雷德一起住在亚利桑那州。他们是在5年前，露安和弗雷德退休之际决定搬到一起住的。碧翠斯之前住在新英格兰地区，那里有她的另一个女儿伊妮德和女婿罗恩，他们现在仍在工作。碧翠斯有6个孙子和3个曾孙，也住在新英格兰地区。

碧翠斯的身体已经很虚弱了，视力和听力都存在问题，必须依靠助行器才能走动。她正在接受多种针对慢性病的治疗，包括严重的关节炎。在洗澡、穿衣、用药管理、一日三餐和交通方面，碧翠斯都需要一些帮助才能进行。搬家后的生活一开始还好，直到三个月前，弗雷德突然被诊断出患有肺癌。不久之后，露安又受到了手脚疼痛的困扰，这严重影响到了她的日常生活。一天晚上，碧翠斯摔倒了，肩膀骨折，使得她必须要接受更多的贴身护理。饱受自身病痛折磨的露安和弗雷德终于意识到他们已经不再有能力担任碧翠斯的主要护理人了，如果她能搬到其他家庭成员附近的话，会过得更好。于是，碧翠斯给伊妮德打了个电话，让她帮忙找个养老住所，让她可以舒舒服服地住下去。碧翠斯希望这次的搬家能一次到位，让她未来无再次搬家之虑了。

伊妮德和罗恩邀请碧翠斯搬去他们家，碧翠斯坚决地拒绝了，她不想成为一个"负担"。但对于已经退休25年之久的碧翠斯来说，自己有限的养老资金还能维持多久也是一个需要慎重考虑的问题。现在，为碧翠斯找一个合适的养老住所就成了伊妮德和罗恩的任务——而且时间紧迫、动作要快。他们不仅需要研究诸如辅助生活机构和养老院之类的选项，也要确保碧翠斯可以享受一定的入住福利，比如医疗保险和医疗补助。在咨询并参观了多家机构之后，他们仍然做不出决定。最后还是一位老年护理经理帮他们厘清了信息、制订并实施了一个计划。

选好机构后，伊妮德就飞到亚利桑那州把母亲接回了东部。碧翠斯的配合和女儿的孝心使得整件事最终进展顺利,两者缺一不可。他们的家庭会议是通过电话完成的。老人能够参与到养老规划的制订过程中,是一个很大的优势。在这个案例中,究竟选择哪家养老院是碧翠斯自己做出的决定,而且她对那里非常满意。

远程护理者

远程护理应该怎么处理?假设你住在这个国家的一头,而你的父母住在另一头,你又不能立即飞过去照料他们,那该怎么办?可以考虑的做法是:聘请一位老年护理经理来安排和监督护理的过程,并成为你的联络人。

交通问题

交通对于老年人的重要性往往被低估了。如果你的父母已经无法再安全地开车——无论这是由于视力的下降,还是由于失智症所导致的认知能力减退——他们都需要有一种替代的交通方式,这样他们才可以继续他们的日常活动。很多地区都提供平价或免费的面包车供老年人搭乘,比如去购物中心、医院或老年中心。这项服务的工作人员通常来自专门的机构或是社区的志愿者。一般来说,搭乘必须提前预约,不能突然改变计划或临时叫车;所以还必须要有一个后备方案。

有能力乘坐公共交通工具的老年人可享受票价的优惠。但许多老年人不愿意或无法使用这种方式:有些人是害怕在上学和放学时段乘车,因为年轻人(虽然他们并不是有意的)可能会很吵闹和"吓人"。还有些人是因为担心公共汽车的轮椅升降机不能用,一旦出现这种情况,他们就会陷入一个无助且无休止地等待的局面。而对于患有失智症的人来说,乘坐公共交通工具可能会让他们的思绪更加混乱。

该怎么办？你可能需要考虑为父母雇一名兼职司机来帮他们开车；或是在当地的出租车公司注册一个账户，让他们可以随时叫车。辅助生活机构通常会提供当地的交通服务，所以这里的住户即便可以拥有私家车，最后也多半会选择放弃自己开车。成人日托健康中心通常也是提供交通服务的。医疗转运方面，为患者全程配备担架或轮椅的救护车服务可能相当昂贵，且保险并不一定可以报销。尽管如此，在某些情况下，这又可能是必需的一笔开销。

　　护理计划是一个动态和不断变化的过程。它需要时间、需要付出、需要能量、需要爱、需要用心。做这一切都值得吗？是的。你是在混乱中建立秩序，找出问题并解决它们。事无巨细，你都是在帮助他人并提前演练自己的养老之路。

第六章 钱、钱、钱

财务对长辈来说是一个非常敏感的话题，和他们开启一场关于"钱"的讨论是一件相当困难的事。金钱事关一个人的安全感、独立性和最重要的——控制感。除了性格因素外，有些人就是不放心将财务交给孩子们管理，因为他们担心万一需要用钱的时候，钱却不在了。不肯轻易放弃自己对于财务的控制是一个颇为普遍的现象。

但事实是，如果你不能了解父母的财务状况，你就无法确定他们的日常开支是否可持续，也不能确定如果要增加医疗成本和长期护理的话，这些费用应该，以及如何处理。在这里，对长期护理的规划应该是最高优先级。护理者应该获得使用被护理者资金的权限。但一定要记住，这些钱是属于被护理者的，只能用于他们的护理，并必须符合他们的最佳利益。

获得使用资金的权限

假想这样一种状况：你的父母有存钱养老、未雨绸缪的习惯，好了，现在外面正下着倾盆大雨，但他们却已经无法看到窗外——因为他们已无法自理，需要照顾。你努力地希望安排好一切。你知道父母存了养老资金，但你也很快意识到他们并没有给你使用的权限。现在该怎么得到它呢？

　　首先，如果你的父母仍有理解能力，你可以尝试征得他们的同意，这有时行得通。如果他们同意，你现在需要的就是授权书以及银行、保险公司和证券公司所要求的任何授权文件。现在不仅是聘请一位律师起草这些文件的好时候，也是开始一些养老财务规划的好时机。

　　如果老人不再有能力处理自己的财务问题，那么谁（某个子女或其他指定人员）已被授权（例如通过授权书或联名账户）处理这些资金？如果谁都没有被授权，那在正式的授权被确定之前，某个子女或其他亲属可否能暂时预支一部分用于急用？如果现在必须要先动用你自己的资金的话，请将其视作借款并记录，以便之后获得还款。如果被看护人无法参与整个过程，也无法接触到他自己的资金，那就得启动相关的法律程序，例如关于监管权（Conservatorship）或监护权（Guardianship）的法律程序，这个部分需要咨询律师进行处理。

　　如果你的父母有抵触情绪，不妨先将问题搁置一段时间，然后再一次次地尝试询问。也许有一天，他们的态度会大不相同。给他们一些时间，但你自己的心中同时也要有一个获得权限的截止日期。如果父母的态度始终没有改变，那么就是时候考虑采取关于监管或监护权的法律行动了。

　　你的父母已经是在勉力强撑、竭力维持他们一贯的生活方式；而旁观的你已经可以清楚地看到，在他们强烈的自尊心的掩护下，他们事实上已经无法妥善地处理事务了。他们从未意识到聘请律师、会计师和财务规划师的必要性，也把类似这样的开支视作浪费。但你终于意识到是时候进行干预了，在一切变得太晚之前，尽管有些迟疑，你还是必须要插手。

阿尔弗雷德和塞尔达：仍在为下雨天存钱

"你永远不知道未来会发生什么，所以必须要未雨绸缪，为'下雨天'存钱。"92岁的阿尔弗雷德这样说。现在的他仍然每天都在自己的店里工作，下班时把现金装在口袋里离开。回去的路上他会经过几家银行，但他只当它们不存在——"我从来不信任银行，永远都不会。"阿尔弗雷德唯一的孩子卡尔，恳求他道："爸爸，现在时代变了。你这样很容易被抢劫的，就像一个活靶子一样。钱放在银行里是安全的。再说了，你这样国税局可能会追查你的税款。"卡尔也担心他母亲恶化的健康状况，她需要个人护理和帮助，但却一直没有得到安排——因为阿尔弗雷德把钱抓得紧紧的——为了他口中的那个"下雨天"。阿尔弗雷德没有安排授权书，一旦他丧失行为能力，卡尔或任何人都没有接触他的资金和生意的权力；同样的，他也没有做任何财务或遗产规划。所幸，卡尔最后说服了父亲寻求法律和财务方面的建议，并在整个过程中一直在他身边。

支付医疗费用

医疗保险（Medicare）

Medicare是美国的一项由联邦政府所资助的保险计划，适用于老年人（65岁以上）、残疾人（未满65岁，但有某些残疾）和患有终末期肾病的人（所有年龄段）。它是一项支付急性医疗护理费用的计划，包括医院保险（A部分）、医疗保险（B部分）和保险（D部分）。A部分涵盖了大部分的医院账单；短期和间隔性的居家护理费用；有限的、且在特定情况下的养老院护理费用；以及临终关怀的费用。B部分涵盖了大部分医生的账单、医疗设备的费用、门诊护理和诊断测试的费用。2006年新实行的D部分则涵盖了处方药的费用。享受Medicare的福利只能通过其批准的供应商，这可能会给患者造成混淆。此医疗保险的优点是涵盖了部分价格非常昂贵的药品。

许多人错误地认为 Medicare 涵盖了长期在养老院进行的定期护理。实际上，Medicare 只支付有限的养老院的熟练护理费用，且必须符合某些条件：例如中风或关节置换术后的复健。Medicare 的受益人必须有（至少）三天的住院时间才有资格获得养老院护理的福利，且后者必须与其住院相关。Medicare 不涵盖长期监护护理（long-term custodial care）。由于 Medicare 在美国是一项联邦计划，因此其规则在各州是统一的。

所有符合条件的参保者都有权享受 Medicare 的 A 部分。B 部分是可选的，选择了 B 部分的个人须支付每月保费，这可以从他们的社会保障金中扣除。D 部分也是可选的，它需要个人支付一定的保费，除此之外，还有一部分的免赔额和自付费。在 B 部分中，个人支付完年度的总免赔额后，Medicare 通常可报销 80% 符合其条件的服务费用。但 Medicare 不可报销配眼镜和助听器的费用；它只为特定的预防性服务付费，比如流感疫苗、肺炎疫苗和乳房 X 光检查。Medicare 医疗保险的受益人可以在接收该保险的医生或医疗机构间进行选择。

医疗补充保险（Medigap）

Medicare 的参保者可以购买一个名为"Medigap"的补充保险。这种保险由私人保险公司提供，以弥补 Medicare 医疗保险的缺口——例如自付额和免赔额的部分。虽然各家保险公司的政策不同，但单独的保费是此保险所必需的。只要一直支付保费，就可以一直续约。Medigap 的保单是标准化的，且必须遵循联邦和州法律。如需购买 Medigap 医疗补充保险，个人必须先拥有 Medicare 初始医疗保险计划中的 A 部分和 B 部分。

管理式护理计划（Medicare Managed Care）

这是另一种保险选择，受益人可以选择加入 Medicare 管理式护理计划，也称"Medicare 优势计划"。在这种情况下，受益人与和联邦政府有合同协议的保险公司签约，从它那里获得医疗保险的福利。参保该计划的人不一定需要向保险公司支付额外的保费，它所涵盖的项目通常和 Medicare 初始医疗保险类似，有可能包括一些额外的项目——如眼镜、助听器和常规体检；与此同时，它们也可能有一些 Medicare 所没有的限制，例如，你可能被要求需要有一个把关医生，所有的检查、专科护理和住院治疗都必须通过他来转诊。此外，选择范围是有限的，你可能被限制只能使用某些特定的医院、医生、辅助设备等。Medicare 优势计划的会员不得购买 Medigap 医疗补充保险。

老年人全包式护理计划（Program of All-inclusive Care for the Elderly，PACE）

这是类似于 Medicare 管理式护理计划的另一种保险计划。老年人全包式护理计划（以下简称 PACE）特别适用于既符合养老院条件，又同时拥有 Medicare 和 Medicaid 的体弱老人。该项计划可以涵盖急性和长期的护理服务，目前仅在少数州提供，但不断有新的州加入。PACE 提供的服务非常全面。其服务供应商的团队设在一个日托护理项目中心里，提供医疗和社交两方面的服务。除了此中心的服务外，还有家庭送餐和到家帮助的服务，以增加受益人的社区归属感。如果受益人需要养老院护理，PACE 也可以提供。PACE 对于护理者来说，是一个尤其宝贵的资源。

支付长期护理费用

长期护理费用高昂，对于某些家庭来说可能完全无法承受，它会耗尽家庭的储蓄和其他财务资源。据统计，年满65岁的人中，有相当比例（43%）会在某个时间点进入养老院生活，但这个数字可能有些误导性——因为在这些进入养老院的人当中，至少有一半停留的时间非常短暂，比如只有三个月或更短；另一半，为一年或更长时间。可能会造成财务灾难的是长期的养老院费用。

长期护理保险

购买长期护理保险的人通常为担心高额的护理费用（无论是在机构或在家里），并希望保护自身资产的人。这项保险的条款是根据申请人的健康状况和年龄而制定的，保险费用也由此确定。一定年纪以上或已经需要长期护理的个人不能购买。这类保险的覆盖范围和费用各不相同，而且保费可能很昂贵。长期护理保险并不适合于所有人，它更应该是理性的财务计划的一部分，早在需要长期护理时就提前制订起来。长期护理保险不适合那些已经接近申请 Medicaid 医疗补助的人。

不间断护理退休社区（Continuing Care Retirement Communities，CCRC）

不间断护理退休社区（以下简称 CCRC）是另一种类型的长期护理计划。这种模式将住房、医疗和社区服务整合在一个社区里。社区里的居民可以根据自己需求的变化，选择相应的服务——从独立生活设施到长期养老院护理——但始终住在同一个社区里。刚入住时，你可能会需要支付一笔较可观的入场费，然后每月付月费。月费的高低取决于你所需要的护理，这里的收费清晰且可预测。CCRC 的合同安排多种多样，但都可以包含一个将入场费退还到你遗产中去的条款。CCRC 尤其适合于拥有一定资产和收入的中产阶级，因为他们可以入住一个社区、一直留在其中，并在这个熟悉的环境里获得他们所需要的服务，又不必担心财务的过度损失。它还可以帮助有不同程度护理需求的夫妻住在一起，或至少可以住在附近。各个 CCRC 的费用有高有低，个人应该寻找一个负担得起且最适合自己的社区。

巨灾保险（Catastrophic Insurance）

投保巨灾保险的人相对很少。但如果患上治疗费用高昂且需要长期治疗的疾病，却又没有投保长期护理保险的话，巨灾保险就可以发挥作用。作为护理者，你应该尽可能多地去了解被护理者的资源和福利，这样你就可以根据他们的护理需求和财务资源来评估各项选择。当你不确定诸如长期护理或巨灾保险这样的福利是否可用，而被护理者又无法告诉你时，请查看他们的记录——如果你可以找到它们的话；或是致电给被护理者的前雇主或工会。

退伍军人福利（Veterans' Benefits）

退伍军人可能获得低成本的医疗服务，甚至是长期护理服务。如果你的父母是退伍军人，你应该对这些福利做些功课。关于这些福利的内容、获取资格，以及区域办事处和退伍军人管理局医疗中心的地址等信息，可通过致电退伍军人事务部获取。一些州还有额外的福利提供，你可咨询当地老龄办公室。

医疗补助（Medicaid）

当被护理人的收入和资产非常有限，且又需要长期护理服务（无论是在家中还是在护理机构）时，Medicaid 是一个应该考虑的选择。医院或养老院的社工可以提供相应的信息，并将被护理者转介给适当的机构；同样的，州或当地的老龄办公室或是老年护理经理也可以提供这样的帮助。

Medicaid 医疗补助相当于最后一个锦囊妙计。它为符合其医疗需求、收入和资产等要求的老年人支付医疗服务的费用。如果你的护理对象目前仍有少量的财产，他们可能会不符合资质，需要他们将这些财产"花掉"，财产低于一定额度，才能获得资格。在此期间的花销，应该做好记录，这一点非常关键；而且要记住，是否可以，以及向谁转让金钱或财产都是有规定限制的。

关于如何申请 Medicaid 的信息可以从当地的人力资源管理部门或社会服务部门获得。申请会需要提交一些文件和若干年的财务记录；而且应该有一个家庭成员的共同参与。由于 Medicaid 医疗补助是一项由各州管理的联邦计划，其要求和福利因州而异，甚至因地区而异。远程护理者如果考虑让父母搬家的话，需要先仔细研究一下不同地区之间的福利的差异。在情况复杂或不清楚的情形下，护理人员最好联系专门从事老年人法律咨询的律师进行咨询。当地律师协会可能是一个很好的参考来源。美国老年人律师委员会位于亚利桑那州的图森。

反向抵押贷款：使用房产的权益

反向抵押贷款是一种贷款，它允许年长的房屋所有者使用其房产增值的权益，同时无须出售房产或搬走。这可能是一个适合"拥有固定房地产而现金流匮乏"的老年人的选择。这样的老人拥有高价值的房产，但手头又没有足够的流动资产（可用现金）来支付医疗保健费用、长期护理费用甚至日常账单。可从反向抵押贷款中获得的资金数量取决于多个因素，包括老人的年龄、房产的价值（财富）以及贷款的成本。当获得反向抵押贷款时，房屋的所有权依旧归借款人所有，借款人也仍需负责税款的缴纳和房屋的维护。与其他贷款不同，反向抵押贷款的借款人没有按月还款的义务。相反，当借款人搬家、出售房屋或死亡时，才需要偿还贷款和利息。关于反向抵押贷款的获取方式，借款人有若干种选择可选：既可以是一次性提取，也可以是等需要时再使用的信用额度，或者是按月定期收到的贷款。反向抵押贷款不影响个人获得社会保障保险或 Medicaid 医疗补助的资格。

反向抵押贷款的额度、贷款的条款和总成本的高低都存在诸多变量，在选择时必须对所有这些变量进行评估，明智的消费者会咨询他们的财务顾问以及家人。没有一款适合所有人的反向抵押贷款。除了反向抵押贷款外，还有其他的方式可以对房产的部分增值价值加以利用，比如抵押贷款再融资或房屋净值贷款。

遗产继承

遗产继承，即"财富"在代际间的传递，是一个颇棘手的公共政策问题。美国的继承政策有些"精神分裂"：一方面，税法偏向富人，有利于其转移财产或出于税收目的保护其资产；而另一方面，对于那些需要长期护理且没有足够资源支付费用的老年人，Medicaid 医疗补助政策的存在又限制了财产的转移。Medicaid 医疗补助不是旨在保护任何人的遗产。

继承也可能成为一个棘手的家庭问题。尤其是对于那些没有就此进行过计划和讨论的家庭，这常常会导致家庭纠纷。老年人应该规划好他们的财务安排以避免这种情况的发生。财务意识是老年护理计划的重要组成部分。

尽管有很多人可以提供财务和法律方面的建议，明智的消费者最好还是咨询合格的、经验丰富的法律和金融专业人士。因为规则和政策一直都在变化中，这势必会影响到你父母现在的财务规划，政策环境与你的朋友或亲戚们经历过的很可能已经有所不同。可以事先咨询专业人士的收费情况，同时也记住，他们的建议甚至可能为你节省一些你从未想到过的费用。

防止金融诈骗

老年人有时很容易成为金融诈骗的目标——因为他们的财务不安全感，因为离群索居，再加上视力、听力或洞察力的下降，这些都让他们极容易被骗子们盯上。比如，老年人常常会被一些类似于"轻松修复房屋或汽车"的话术所吸引；或是轻信能"轻松赚钱"的中奖、比赛或投资机会，他们因此成为受害者并蒙受财务的重大损失。此外，有些老人也很容易上诈骗电话的当，被骗捐。曾经有一位处于早期阿尔茨海默病中的老年妇女就开出过一张五万美元的"捐款"支票，而她的家人后来才发现这一异常举动。

当处理老人们的财务问题时，务必在整理文件时寻找那些不正常的情况。例如，是否到处有不成比例的、成堆的关于募捐的信件？是否有无法解释的异常现金和支票支出？是否突然有大笔的房屋和汽车维修支出？你有没有注意到老人持有的艺术品、古董和珠宝等贵重物品消失不见了？

听从你的直觉。如果你有疑虑，不妨主动提出来，尝试解决问题。有时，尽管你是在努力保护长辈们，他们却可能会有抵触情绪；可能需要一些时间，他们才会接受你的介入。不要放弃。作为长辈护理者的你，在他们身旁协助和保护他们是你的责任。但也请记住，老人们已经辛勤工作了一辈子，为养老节省了一辈子，他们的财产是他们的。你只能做他们允许你所做的。

在所有计划养老护理时可能面临的问题中，金钱可能是最容易有争议的。即使在看似和谐的家庭里，各个成员也可能在人生观、信念、价值观、偏好、个性、经验、感受和生活方式上出现明显的分歧。这些分歧在制订战略和计划支出时，就可能发展成矛盾和冲突，最好是在这些矛盾刚冒出苗头时就尝试解决它们。

第七章 阿尔茨海默病

阿尔茨海默病（Alzheimer's Disease，AD）是最常见的老人失智症。几个世纪之前，失智症被等同于发疯。例如，莎士比亚就用失智来形容发疯的状态。但是到了当代，这个术语以丧失了记忆、思考、推理和判断等智力功能的意思重新出现，阿尔茨海默病严重影响了患者日常生活。阿尔茨海默病是一种医学疾病，其行为表征类似于精神疾病，目前折磨着450万患者，其发病率随着年龄的增长而急剧提高。65岁的老年群体中受其影响的占比不到1%，但85岁以上人群中则有多达一半受此病症困扰。阿尔茨海默病并不是年纪变老的正常现象，它的病程非常长，从轻度失智发展到中度乃至重度失智。鉴于我们的寿命不断延长，阿尔茨海默病对医疗护理体系的影响已经成为重大的公共健康问题，并呈现出急剧恶化的趋势。

彼得：唯一的护理者

彼得和塔尼娅彼此相爱，两人的婚姻就像故事书里写的那样浪漫。彼得曾在40多岁时丧偶，这位专一而钟情的鳏夫为此悲痛不已。后来，一家俄罗斯人搬进了彼得所住的楼里，这家人有一个迷人的女儿，30多岁，未婚，受过良好教育，英语流利。两人一见钟情，婚后有了两个活泼帅气的儿子。

塔尼娅在婚后继续从事法律研究员的工作，她一直为自己能够缜密地发现真相并将它们悉数记住而自豪。在她60岁出头的时候，情况开始发生变化。塔尼娅无法再胜任工作，被迫退休。她的问题变得越来越明显：她的短期记忆力开始走下坡路。她会没完没了地问：“现在几点了？现在几点了？现在几点了？”"儿子们今晚会来吗？儿子们今晚会来吗？儿子们今晚会来吗？"她不再能自己穿衣服，而当她想那么做的时候就显得很古怪：衣服搭配混乱，有时她把内衣套在外衣外面，穿着拖鞋出门。她在厨房的时候，彼得要及时关掉被她不停地打开的炉火、嗅探煤气味并小心观察她的每一个举动。有时塔尼娅会突然悄无声息地走出家门，彼得只能四处疯狂寻找，直到在附近的某个地方发现糊里糊涂却无知无畏的她。不久以后，她变得很多疑，指责彼得和邻居说她的坏话：“你为什么和别人说我疯了？”彼得费尽口舌跟她解释也无济于事。她还经常哭泣。彼得束手无策，只好向专业人士咨询。经过诊断，塔尼娅得了阿尔茨海默病。

听到这个坏消息，彼得潸然泪下，但还是争辩道："她只是记忆力衰退罢了，"他大喊着，"谁不是这样呢？我们都在变老，你知道的。她是这么可爱、这么温柔的一个人，从来没伤过别人的心。她穿错衣服，那又怎样？她从来就不是一个时尚女王，我喜欢的是她的聪明，这成就了我们美好的婚姻。我们是天生一对。"

塔尼娅的行为越古怪，彼得就越努力照顾她，但同时，他也变得更加沮丧，尽管他不承认这一点。然而，这并没有让他却步。医生、朋友、邻居和家人们都建议两人搬去养老机构，那里有专门针对失智症的护理部门，塔尼娅能够被照顾得很好，彼得也能拥有自己的生活。而他对此充耳不闻，全身心地投入照顾塔尼娅，两人相依为命。

他们的儿子鲍里斯恳求他道:"爸爸,让我们来帮你吧。我们不仅仅是担心妈妈。实际上,我们更担心的是你。你过去经常去打高尔夫球、健身房、俱乐部、游泳,有很多乐趣。现在你除了照顾妈妈以外——当然这也很重要,但其他事你什么都做不了。你也很压抑。如果你不考虑去养老院,至少可以请一位家里护理人员,让你松口气。"彼得听后大发雷霆,他对儿子的话一点也听不进去:"你妈妈没事——她不够完美,但我们有办法。只要我还活着,就不需要任何人来照料她。不用任何人。所以,别告诉我该怎么做。我比你年纪大,我知道自己在干什么。既然你们两个都结婚了,你也会这么做的,那时你们的孩子绝不会这样跟你说话。"

儿子们所能做的就是时常前来探望,给他们的母亲当前的日常活动带来一些变化,同时看着他们父亲在提供护理时竭尽全力却仍然力有不逮。显然,塔尼娅体重在减轻,而且变得孤单和抑郁,虽然这并不是彼得想看到的。与此同时,彼得的抑郁也没有得到治疗,他的健康和社交需求被弃置在一边。

每个阿尔茨海默病患者都不相同

阿尔茨海默病开始发病时症状轻微,然后逐渐发展,通常会历时好几年。我们必须明白,虽然这个人在发生变化,但他同时仍旧保留着自己的个性。每个患阿尔茨海默病的患者都是一个单独的个体,不能一概而论,他们的症状表现各有不同,他们仍保有的能力也参差不齐,这些残存的能力可能会掩饰他们的病情。不管怎样,对于社交、情感、控制和乐趣的基本需求在病变过程中持久存在。

艾德:赛马爱好者

阿尔茨海默病患者艾德是一名赛马爱好者。随着他的病情发展,有些事情必须做出改变,这样他才能继续经常去赛马场。他不再能开车了,只好让别人开车载着他。他越来越不能处理财务问题，需要陪护人员的引导，他才能下注。他的判断力也变得越来越差，因此陪护人员每次都只给他小面额的钞票，以控制潜在的损失。通过这种途径，艾德得以在患病期间还能够一直维持自己的爱好。

维拉：美食爱好者

维拉擅长烹饪，一直喜欢到有格调的餐厅就餐。83岁的她现在处于阿尔茨海默病中期，但仍旧喜欢去餐厅用餐。她已经无法通过菜单正确地点餐，她的女儿和女婿说："妈妈，你知道什么菜好吃吗？"并替她点餐。维拉已经习惯自由自在地刷信用卡了，现在却无力再计算小费或填写金额。为了不让她感觉受伤或尴尬，她的女儿会在账单送来时对她说"妈妈，我来帮你埋单"，并完成交易。因此，维拉可以保持她享受美食的习惯。

症　状

阿尔茨海默病患者有多重症状，影响了思考、推理、判断、日常功能、情绪和行为。认知方面的症状包括计划和组织能力、短期记忆力、语言、判断和方向感等方面的衰退。非认知方面的症状则包括进行日常基本行为能力的衰退，以及性格、情绪和行为方面的改变。在患病后期，可能还会出现身体方面的症状。

认知方面的症状

一开始，会有"执行功能"——计划和组织复杂工作——的困难，即使患者过去曾对这些工作得心应手。塔尼娅已经无法继续从事法律研究、无法把自己的发现组织起来并记住，就是一个令人心酸的例子。日常推理和解决问题对那些过去经常做这些的人来说也变得困难重重。想要清楚地记账，更是不可能完成的任务。

就塔尼娅而言，短期（最近的）记忆丧失是阿尔茨海默病患者经常出现的首要迹象。当你离家时，偶尔忘带钥匙、把手套遗落在桌子上或忘记关灯并不一定是阿尔茨海默病，而可能是过于忙碌的生活导致的。对阿尔茨海默病患者来说，记忆力的损伤不是偶发的，而是持续并且逐渐加重的，表现为从正常的功能水准呈阶梯状下降。阿尔茨海默病的症状远不止是健忘。塔尼娅变得无法从事她已经做了许多年的工作。久而久之，她无力记住哪怕是最简单的信息。其他类似的例子还有：一位罹患阿尔茨海默病的执业会计师开始错过报税的截止日期；一位以超常记忆力著称的女演员开始忘记台词；一位火车上的厨师开始错过自己的列车班次。

语言紊乱是显而易见的。难以找到正确的用词也是常见症状。有人会指着一只鞋子说："你脚上穿了一个很漂亮的东西。再问一下，它叫什么？"罹患阿尔茨海默病的人经常在描述某件事时，说着说着就无法完整流畅地表达。他们也会难以理解你在说什么，有的人甚至无法理解最简单的指示。最后，他们可能丧失交流能力。

判断力也受损了。他们可能会食用变质或发霉的食物，或变得无法调节淋浴的水温。他们可能会从还在开动的汽车里走出来，或是逆行穿过马路。又或者，他们无法识别诈骗手段，可能沦为骗局的牺牲品。丧失安全意识——例如，塔尼娅会玩火炉——这会带来危险，甚至会危及生命。

有失智症状的人无法学习新事物。在面对新事物时，他们无力学习，也记不住任何指示。哪怕是一个曾经的技术能手，也不太可能学会操作新电视或DVD机。无法适应新的环境——比如搬了新住所，无法记住周围的街道。

意识混乱

阿尔茨海默病导致患者的意识混乱："我现在该做什么？"对时间、地点和人物也失去了认识："我们在哪里？"他们可能会站在卧室里说："我要回家。"也可能对日期年月感到混淆或迷惘："今天是星期几？"熟悉的地点对他们来说也可能变得陌生。他们会认不出自己认识的人，哪怕是自己的配偶和孩子。这些症状必须和精神错乱加以区分，后者是急性发作的精神变动，包括极度紊乱、波动性的意识和注意力，有时候还有幻觉。和医学病症有关的精神错乱可能成为危及生命的紧急状况。

活动能力的变化

从事日常活动（Activities of Daily Living，ADL）的能力发生衰退——如洗澡、穿衣、如厕、进食、动身（从坐姿转为站立或上下床）以及行走。通常，最早丧失的日常活动能力是洗澡和穿衣。塔尼娅就是因为这个才显得古怪。在患病之前，她一直穿着得体，绝不会穿着拖鞋外出，如果不小心那样做了，她会为自己的行为感到惊讶。由于患有阿尔茨海默病的人最终会丧失从事日常活动的能力，所以他们需要有其他人的护理才能生存。

身体症状

有些个体的发病迹象和帕金森症相似。这些人可能会出现莱维小体病、药物不良反应或类似帕金森症的症状，这些通常在阿尔茨海默病晚期出现。其他的身体症状可能包括步态和平衡失调，使得患者更容易摔倒、难以控制肌肉运动，还会出现行走或吞咽方面的问题。

性格变化

性格可能会一如以往或急剧变化。曾经温和的人可能变得暴躁；彬彬有礼的人会开始言语粗鲁；原本独断专行的人可能变得唯唯诺诺，小猫变成狮子，或是狮子变成小猫。这些性格变化有时候会让家人感到尴尬。在巴士或火车上，一位罹患阿尔茨海默病的母亲会转身向坐在她身边的女儿大声抗议道："你他妈的要把我带到哪里去？"或者"快看那边的那个胖女人"。

情绪和行为的变化

阿尔茨海默病患者会显示出情绪和行为上的变化。抑郁可能会先于失智症状出现，也可能同步发作或在之后出现。还有一种被称为"假性失智"的情况，它看起来像是失智症，但实际上是抑郁或焦虑，这种情况有时连专业人士都无法清晰判断。阿尔茨海默病患者可能会经常哭泣，就像塔尼娅那样，也可能会变得沉默寡言或情绪大幅波动。他们会时喜时悲。此外，他们可能会变得害怕、生气或多疑，如塔尼娅指责彼得告诉邻居"她疯了"。走失、失眠、躁动、抗拒护理、冷漠，有时候还有攻击性，这些都是和失智有关的行为。在美国，阿尔茨海默病及其相关的行为障碍是老人被送进养老院的主要原因。

走失

走失是一种尤其可怕的行为。患者为什么会走失的原因尚不清楚，他们是否会走失、何时会走失则不可预料。仅仅因为患者从未走失过就假定他们不会走失，这并不保险。预防尤为重要。怎么做呢？首先，患有阿尔茨海默病的个体应该有一个身份识别手环，通过身份识别可以知道他们的记忆丧失情况和任何医疗问题。美国阿尔茨海默病协会有"安全回家项目"，这是一个"全国范围内的识别、支持和登记系统，无论患者何时在何地走失，都会提供帮助"。还有多个医学识别项目，包括一个24小时紧急电话，可以通过它联系到护理者。确保患者佩戴适当的身份识别标识是必需的第一步。其次，可以为患者居住的房屋设置防走失设施，如安装适当的门窗、带有警报或复杂的锁具，使得阿尔茨海默病患者无法随意打开门窗，或在患者出走的第一时间就能够向护理者发出警报。第三，除了防止走失，还要在屋内采用安全措施，当患者漫无目的地走动时，将受伤的可能性降到最低，如清理屋内的杂乱之处，确保留有一条畅通的过道；更换松动的地毯或者地垫；在楼梯的上下加装门栏；锁上通往地下室的门（稀里糊涂的患者在穿过那里时可能会从台阶上摔下去）；把危险物体放在患者不易接触到的地方，比如有毒的清洗材料、刀子和剪刀、武器、火柴、车钥匙和药品。在没人看管炉子的时候，关掉总阀门。

抗拒护理

除了走失会造成护理者极大的担忧以外，抗拒护理是另一个让护理者头疼的行为：患者不愿意换衣服，拒绝泡澡或淋浴，不愿接受别人的帮助或拒绝服药。不管你想做什么，他们都对着干。要清楚这是很常见的。可以从其他经历着同样问题的护理者那里获得有用的技巧——比如援助团体的成员。医生和专业人士在这方面也有很多应对的经验。

失眠

失眠是又一个巨大的挑战，尤其是如果你作为护理者，每天早晨还要上班或送孩子去学校。如果你护理的老人有抑郁症状，抑郁也会导致失眠，对抑郁的治疗可能会缓解失眠症状。在阿尔茨海默病的中期到晚期，睡眠周期可能会被打乱，患者可能会分不清日夜。有时候，药物能治疗失眠。最佳办法是采取组合策略，包括在白天让患者有事可忙，这样在日夜之间就会有一个清晰的区分；限制白天打盹的时间；在傍晚减少咖啡因的摄入；使用夜灯来减少混淆和焦虑；鼓励患者保持规律的睡眠习惯。

外表和功能之间的背离

阿尔茨海默病患者通常看上去都没问题，没有明显的病态。例如癌症患者，会感到疼痛并可以发现器官衰退现象，心脏病患者也有比较明显的呼吸急促或下肢水肿（肿胀），骨折患者会疼痛和无法行动；但是患了阿尔茨海默病，至少在较为严重的阶段之前，其所发生的细微心理和功能变化中并没有明显的身体症状。因此，常人很难接受被该病折磨的个体真的得病了。如果彼得给塔尼娅穿好衣服后，她保持安静和微笑，和来访者坐在一起，就没有人会注意到她已经患病。这个外表和功能之间的背离是阿尔茨海默病所独有的。与此同时，它又让家人和专业人士都感到极度不安。

是什么导致了阿尔茨海默病？

阿尔茨海默病的致病原因尚不清楚。虽然核心问题看来是脑部神经细胞（神经元）的死亡，造成这个的原因尚不确定。

可能的解释有反常的生化过程、发炎和基因成分。专家们认为，这涉及多种因素的组合，而不是单个原因。当前，最大的已知风险要素是高龄。家族患病史是另一个重要的影响因素。如果近亲中有人罹患阿尔茨海默病，那么患病的风险就会增加。一些相关的基因畸变也已被发现。在一小部分病例中找到了反常的染色体，目前正处在努力研究中。载脂蛋白E4（ApoE4）已经被认定是一个罹患阿尔茨海默病的风险因素，它扮演了重要的角色，但体内含有它并不意味着一定会得病。如今，科学家们正在调查生活方式的因素，比如精神刺激、饮食、锻炼和压力以及他们对大脑健康的影响。

导致失智症状的其他情况

虽然所有阿尔茨海默病患者都存在失智症状,但并不是所有失智患者都罹患阿尔茨海默病。有大量情况会导致失智或类似症状,如酗酒、滥用毒品、药物反应或交叉作用、金属中毒、维生素严重不足、中风、脑瘤、感染、新陈代谢异常、头部创伤和其他神经疾病等。

相关失智疾病包括莱维小体病、正常颅压脑积水（NPH）、多发脑梗死性痴呆、克雅氏病（CJD）、匹克氏病和帕金森症。莱维小体病的症状结合了阿尔茨海默病和帕金森症的症状；正常颅压脑积水是由脊髓液流动堵塞造成的；多发脑梗死性痴呆由脑部的多次卒中（中风）造成,也被称为血管性失智症,血管性失智症可能会独立于阿尔茨海默病发病,或与其并发；克雅氏病由感染导致；匹克氏病虽然很罕见,症状和阿尔茨海默病相似,但性格改变和反常行为可能早于记忆丧失的发生；帕金森症影响着运动功能,而阿尔茨海默病影响的是认知功能,但是帕金森症在晚期也会出现失智现象。

为了诊断阿尔茨海默病而进行的医疗检查必须包括系统性地排除其他可能原因。这特别重要,因为这些情况中有一些是可逆的,而阿尔茨海默病则不可逆。

谁会患上阿尔茨海默病?

阿尔茨海默病是一种非常一视同仁的疾病,影响着所有种族和社会经济群体的人,但是女性的患病风险可能高于男性。患有阿尔茨海默病的人年纪通常超过65岁,大部分是七八十岁或更老。但是,30到50岁之间的较为年轻的人也会受到影响（早发性）,不过这很罕见,只占所有病例的 10%。

诊断阿尔茨海默病

目前，没有单独的阿尔茨海默病诊断测试，通常是根据一系列复杂的检查来做出诊断，包括至少一份详细病历、一次精神状态评估、一次全面体检、一次神经学检查、一系列血液化验、心电图（EKG）、脑成像（CT、MRI、PET 或 SPECT），以及脑电图（EEG）——神经心理测试和精神病学评估等。根据这些数据进行的全面临床诊断的准确率可以高达 95%。确诊通常要根据死后检查（尸检）或极少数情况下由脑部活体组织检查来做出。阿尔茨海默病患者中有一大部分（可能有 25%）始终没有得到确诊。

治疗阿尔茨海默病

尽管当前没有医疗手段能治愈或阻止阿尔茨海默病的发展，但已经有越来越丰富的针对该病的管控知识。目标是减缓这个长期灾难性病症的发展、优化生活品质。有几种药物可以临时改善症状。此外，也有药物能管控相关行为症状，比如抑郁、烦躁和失眠。非药物治疗和替代性方法也在尝试中，包括锻炼、针灸、诸如"脑健康"食谱这样的营养干预、补充维生素以及对家庭护理者的培训。还有为早期阿尔茨海默病患者提供的专门支援团体。

深入研究也正在进行中，以更好地理解病理机制并找出减缓乃至最终治愈它的治疗手段。此外，还有研究者在制定预防性策略方面进行努力。最让人鼓舞的是，过去 20 年来，研究阿尔茨海默病方面所取得的进展，已经远远超过了它被阿洛伊斯·阿尔茨海默医生定义以后的 80 年。

由于阿尔茨海默病是长期性的疾病，必须对维持患者的总体健康和安全加以关注，以保持其生活品质。较为年老的阿尔茨海默病患者可能会有其他的并发性健康问题，也需要加以管理，比如高血压、糖尿病、心脏异常、关节炎或慢性疼痛。如果放任自流，这些疾病会混杂在一起加剧失智的症状。跌倒和意外也要格外注意，它会导致患者的行动能力衰退，使患者生活质量显著下降。

阿尔茨海默病和相关护理服务

在患病过程中，患者和家属可选择不同的护理方案。一开始，可以加入本地老年中心。当这不再可行的时候，参加成人日托健康项目也是合适的选择。雇佣居家私人护理也会得到很大的帮助。强烈建议主要的护理者要得到充分的休息。这里并没有一个普适的方案。不同患者的背景和兴趣各异。一辈子都在上班的人可能会认为老年中心或日托健康项目是荒唐而幼稚的。对他们来说，工作就是消遣，消遣就是工作，除此之外他们一概不感兴趣。如果能够针对不同的情况妥善安排护理方案，那是最好不过的了。幸运的是，在下面这个案例中，他们做到了。

查理：日托"办公室"

查理创立了自己的建筑公司，他的家人也同他一起经营这项产业，包括他的3个儿子。在他患病之初，他的儿子们自然地接管了公司的业务。但是，他们敏锐地察觉到查理的无力感和失落感，所以安排他每天都到公司工作。一个儿子开车送他到公司，在办公室，他有一张办公桌和一部电话，并和一个儿子共用一位秘书。他的儿子们和秘书制订了一个适合他的工作方式：秘书每天会给他一些信件让他处理，提交一些计划让他看，安排一些地方让他和儿子一起前往，安排他和家人朋友们共进午餐，并时刻陪护着他。这实际上就是他的日托——为他定制的一个日托。有了这个计划，在大约两年的时间里，一切都很顺利，当查理的病情发生变化后，他就需要更多的护理了。

辅助生活机构还是养老院？

随着失智症状越来越严重，护理工作变得越来越有挑战性，安置到一个医疗护理机构可能是最佳选择。过去，养老院是机构性护理的首要配置。但是，越来越多家庭正把阿尔茨海默病患者安置到辅助生活机构，而不是养老院。辅助生活机构在过去10年有了爆发性的增长，为大量患有失智症的患者提供了护理服务。但是，对一些人而言，养老院仍然是不错的选择。

老人更适合在哪里接受护理？两者区别并不大，不过辅助生活机构可能在对待有着复杂或不稳定的医疗或护理需要的人员时会面临更大困难，并可能会更频繁地送这些患者去医院接受治疗（选择辅助生活机构的标准以及专门针对失智患者设置的机构信息在第八章中会有详细介绍）。

在阿尔茨海默病中期，患者还能够走动，但需要一些提示、监督、私人护理和一个安排严谨的日程表，这时候辅助生活机构能满足他们的需求。并且，如果患者需要一个单人间，辅助生活机构也许可以比养老院更容易满足这个要求。但是，随着病情发展，患者需要更多人工护理和护理监督，则养老院可能是更好的去处。重要的护理领域包括行为表征的管理、抑郁治疗、确保摄取最佳饮食、提供活动以及促进他们继续行走的工作。对于较为晚期的患者，应该在吞咽能力、预防皮肤破损（褥疮）和摄取最佳饮食方面给予特别关注。

长期护理的费用

根据所需的护理层次的不同，不同机构乃至同一个机构内部的护理费用都各不相同。并且，除日常收费外，可能还有额外费用。精打细算的顾客会研究这些并把它们考虑在内。此外，有些津贴项目会补助某一个层次的护理，但不会补助另一个。例如，虽然 Medicaid 医疗补助只会在一部分州支付辅助生活设施的费用，但它在所有的州都会支付养老院费用。

信息来源包括机构设施（可以要求看看入住协议）、支持性团体的成员、阿尔茨海默病协会和老龄办公室的地方分支机构、所在州的卫生厅、医生或老年护理经理。不管选择哪个，还要清楚它们关于转到另一家机构的政策，当你需要更换护理机构或资金耗尽时用得上。

对有失智症状患者的临终关怀

临终关怀对阿尔茨海默病和其他有失智症状的晚期患者以及他们的家人都有益。临终关怀包括对患者的舒缓性（舒适）护理和对家人的丧亲心理疏导及支持。接受临终关怀的患者或他们的代理人选择放弃激进型的生命维持治疗，诸如心肺复苏术、抗生素、人工喂食和人工补液护理。由于阿尔茨海默病患者可能无法表达他们的病痛，对此的仔细评估和管理就成为重要的护理要素。患者可以在家中、独立的临终关怀场所、辅助生活机构或养老院接受临终关怀。

由于很难预测阿尔茨海默病患者的寿命是否少于 6 个月（临终关怀的标准为 6 个月），有的临终关怀项目针对有失智症状的患者有专门的规定。提供临终关怀的机构各不相同，所以你应该选择本地区"对失智患者最为友好"的机构。

阿尔茨海默病是一个家庭事务

对阿尔茨海默病患者的护理有80%是由家人提供的，他们被称为"次生受害者"或"隐性受害者"。我们之前遇到的那位丈夫彼得，就像所有家人一样，被拽进一个他无力控制的体系中。虽然他不知道病情来自哪里、要往哪里去，但他不得不应付妻子的各种症状。他内心萦绕着的纠结情绪被护理塔尼娅的现实困境推至一旁。他唯一能应付这种纠结情绪的途径是对此拒不承认。虽然这种否认并不罕见，它本身也没有必然的危险性，但当它和现实以及合理决策交织在一起的时候，就会变成一个严重问题。他否认这种我们所有人都会经历的脆弱，倒向了另一个极端，用一种无敌盔甲来武装自己，他为塔尼娅做一切事情，仿佛无所不能的超人，他这么做也是为了自己。

护理者的抑郁

说实话，提供护理的人并不是无敌的。实际上，由于他们所承受的压力，他们更容易得病。此外，无视他们的个人需要让情况更加混乱。彼得中止了社交、锻炼，也不再关注自己的健康需要。当然，他的强烈否认也让他无法认知自己的抑郁状态，可想而知，他的儿子们对此非常担心。

抑郁症状在阿尔茨海默病患者的护理者中非常常见，有时把他们变成了另一个患者。彼得在这方面并不是孤例。失落是抑郁之母，而他正一天天、一点点地失去塔尼娅。他所曾熟识的那个塔尼娅不再是他面前的这个塔尼娅。他感到很无助，只能把她当作救命稻草一般抱住，似乎成为她的一部分就会让她重生。实际上，他正节节溃败。他自己的一部分也正在被吞噬。似乎没有任何事情可以让他实现转机。他感到无能为力了。

彼得是一名称职的律师，每个人都会向他寻求建议，他在法庭上能够打动陪审团，能够同情受害人并突破万难赢得官司，但他却输掉了自己的战役。作为律师，他曾是个具有团队精神的人，和其他律师、书记员、律师助理、专家证人和法官们共事。现在的他孤军奋战，觉得自己既像一个拯救者，同时又像一个受害者——哪一个角色都感觉不对劲。对彼得来说，角色和生活方式的剧烈变化太有杀伤力了。然而，他没有努力去寻求任何帮助或做出任何改变。

萎缩的社交圈

成为一个护理者是一件身不由己、倍感孤独的事情。社会性的支持日益萎缩，最终变得几乎不存在。虽然人们表面上把"自我牺牲、无与伦比、一个英雄、很棒的丈夫、无私的人"的称赞送给他，但是，他却失去了真正的人际接触。朋友和邻居们都敬而远之，因为接近他和塔尼娅让他们也感觉到了无助。他们也不知道该怎么办。

许多护理者的社会性支持已经日渐萎缩，而让这雪上加霜的是，随着病情发展，交流也变得更加艰难，被护理的对象最终变得无法提供任何反馈。因此，这不像其他的疾病，阿尔茨海默病获得圆满结局的机会很渺茫，而更像是一个没有结局的"漫长的告别"。

家庭关系

阿尔茨海默病并不仅仅影响卷入其中的人，它的魔爪会触及家中每个人，没有人能逃脱。在彼得和塔尼娅的事例中，儿子们也左右为难。谁不会呢？他们爱自己的母亲，也爱自己的父亲。一部分儿女想要来探望,另一部分则不想来。"这是我的父母,我需要去看看他们。不管我感觉多糟糕,都要这么做。"一旦真的到了那里,虽然想要逃跑,但他们并没有。他们的确想说:"爸爸,我们知道你正竭尽全力,也知道这对你有多么艰难,但我们觉得妈妈需要更多帮助、更多激励以及一个不那么孤立的环境。现在的情况不是这样的。"但他们知道彼得有多抗拒,所以绝口不提。相反,这啃噬着他们内心。到了这个地步,他们清楚自己什么也做不了,无能为力,只能靠边站,等待着不可避免的危机发生。

护理者、被护理者以及这种疾病

阿尔茨海默病让每一个家庭都很难过。不管是患者的孩子、配偶、亲力亲为的护理者或是亲戚,面对这种疾病时都倍感艰难。病情越来越严重,对一些人来说就越来越困难,但对于另外一些人来说,或许会觉得轻松了一些,每个人对待这种疾病的方式都不一样。护理者可以寻找支持性团体来分享他们的体验并获得护理的实践技巧以及情感支持。

克莱姆:寻找原因

克莱姆,49岁,是刚满78岁的格拉迪丝的儿子。格拉迪丝过去3年都住在一家养老院里,她有着严重的失智症状:不能独立洗澡、穿衣、梳洗、上厕所、移动和行走,同时需要人工喂食。她曾是一个魅力四射的女性,每周要去一次美发沙龙,而现在她的头发和指甲都是在养老院中做的。她的穿着打扮一直很得当。虽然她大多数时间都生活在自己的世界里,但那是一个快乐的世界。她时常保持微笑,还经常唱歌、开怀大笑。平常护理她的人都知道,当他们想要对她进行个人护理时,她会又踢又喊,甚至拉扯他们的头发。但大家都知道她不是故意要伤害别人,这只是她病症发作的一种表现。大家都很喜欢她平时乐观的性格,对她暴躁的表现都显示出了包容。

克莱姆是一位高中教师，还无法接受自己母亲的病症。他被她的失智以及相关的侵犯行为吓坏了，很少去探望她。而当他去看望时，总会发现自己的母亲"更糟糕了"。"她不知道发生了什么。她会把食物吐掉。像个动物一样，用手去抓工作人员，大喊大叫停不下来——当他们靠得太近的时候，她甚至会咬人。我已经告诉我妻子，如果我一旦变得那样，就开枪把我打死。"

克莱姆努力寻找母亲如此疯狂的原因，同时竭力掩饰着自己的反感情绪，他试图告诉所有人："要是员工们的工作做得更好，医生开出正确的药房，母亲的伙食得到改善，有更多人和她聊天，那么她就不会处于这种非人的状态。"但在所有这些他找到的原因背后，真正的原因是：他害怕自己有一天也会变成这样，这是一个永远挥之不去的梦魇。虽然他的其他近亲没有失智症状，因此没有理由怀疑有任何蔓延的遗传模式，但恐惧仍然萦绕在他内心。

克莱姆能做什么？他可以选择忍受恐惧或者与它抗争。对护理者来说，可以通过一些方法治愈内心的焦急与恐惧，包括支持性团体、护理者培训、个人咨询、集体治疗以及可能的药物治疗等。这些治疗方法有助于给护理者的生命重新带来活力，也帮助他们重建快乐的能力。

佩格：苦苦维持现状

佩格是一位护士，从未结过婚，和母亲琼住在一起。母女俩的关系一直很亲近，8年前，67岁的母亲失去了自己的丈夫，从此，母女二人相依为命。两个人都很独立，也很享受母女二人共度的时光。琼是一所公立学校的秘书，在她71岁那年退休。佩格在一所养老院工作，那里有一个成人日托健康中心。

5年前，琼开始表现出阿尔茨海默病的初步迹象。佩格马上注意到了。她把母亲带到一所记忆力中心,在那里被告知琼确实罹患了阿尔茨海默病,还为佩格提供了最新的关于阿尔茨海默病的资讯。她把这些分享给自己的两个姐姐,但她们无动于衷,不愿对自己的母亲承担责任——显然,"母亲"现在变得无足轻重了。三姐妹去见了一位老年人护理方面的律师。最后,除了护理工作之外,一切都平均分配。

在确诊后的前三年,琼白天可以独自待着,如果有人接送,她还可以到附近的老年中心参与活动,或者去家人和朋友的家里。后来,琼的认知状况出现了较为明显的滑坡:她不再能独处了;小便失禁;出现妄想并有攻击他人的行为。佩格每周安排三天带琼去她所在机构的成人日托健康中心,一位姐姐每周带一天,另一位姐姐负责另一天,其余时间佩格就留在家中陪着母亲。其他女儿也回心转意,大家都尽力而为,但事情还是乱成一团。

虽然琼得到了护理,但她的日程一直不固定,这引发了她的焦虑。她越着急,就越糊涂,变得更难管理:"你想要对我做什么?不让我在自己家里待着?"她心烦意乱、怒气十足,用恶毒的语调发作着:"你不是我过去所知道的那个女儿了。别担心,我有办法对付的,你会发现的。"佩格确实发现了。那之后不久,当佩格想要给母亲梳头的时候,琼忽然扑向她,想要掐死她。佩格吓坏了,把琼的手从自己脖子上扯开,跑到她碰不到的地方。过了一会,她感觉还是完全没法平缓过来,于是向自己最好的朋友倾诉:"刚刚我亲爱的、善良的妈妈想要杀了我。你能想象吗?现在我在这儿——我简直是冒着生命危险在帮助她,而她却想杀了我。你能相信吗?"

诸如此类的行为失调虽然很可怕,但在阿尔茨海默病后期的患者中并不罕见。并且,这些可能是家庭护理者寻求社会护理的最常见理由,伴随这种想法的还有做出这一决定时的艰难情绪:失去挚爱亲人的悲痛，无法承担应尽的责任而产生的内疚感以及挫败感。

我一直觉得有责任护理我母亲。但是，无论我多么努力地尝试，她的病情并没有任何起色。实际上，她变得更糟糕了。虽然她对我发火，但我觉得是我让她变成这样的。我很清楚我需要把她送去护理机构安置，但在情感上，我没办法说服自己这么做。虽然我所工作的那家机构的管理者愿意接收她，并且做了必要的财务安排，这样我就能够专心于我的工作，但我还是很纠结。一切都像世界末日一般，我想我实在没有准备好面对它。很奇怪，我能帮助那些把亲人带到我们机构来的其他家庭，但是，当它发生在我自己母亲身上时，我还是无法自洽。

正如所有的疾病一样，阿尔茨海默病是各种症状的综合体。但是，和很多其他情况不同的是，它旷日持久、情况多变且不可预测。然而，在个体的层面上，每一个面对阿尔茨海默病的人体验都不同，包括作为护理者的你。如果你一直深陷其中，你会一直被禁锢住——效率低下，缺乏活力，意志消沉，常常无法应对。但是，你需要知道，你是在应对和从事一个非凡的工作。你在承担护理者责任的同时，也得到了成长。实际上，在这个疾病的黑暗中存在着光明，那就是你，正面面对疾病的你。

第八章 安置之路

> 安置我的母亲？你在说什么呀？我怎么能对她做出这样的事情？我会觉得自己像个魔鬼。而且其他所有人都会这么看我。
>
> ——一名支持性团体的成员

安置通常并不是第一选择。不管大家怎么想，家人都拼命想让丧失各项能力的老人尽可能长久地留在家中，有时候甚至超出自己的能力范围。虽然在人们的印象里，老人都在养老院里对着电视机坐着，而事实上，绝大多数的老年人都住在自己的家里，他们由家人照顾，等到考虑养老院安置的时候，情况已经要失控了。

养老院简史

养老院护理被污名化了，可能向来如此。早在中世纪，人们的整体寿命并不长，没有家人照顾的老年人会被安排住进救济院（almshouse）。他们比那些真正患病或残疾的人还要可怜，必须为自己的食宿劳作——自己铺床，饲养动物，在厨房帮工，洗衣服，维持救济院的运作。久而久之，就发展出了小型"家庭式"养老院。家庭中如果有护士的话，就收容一些人提供护理。

到了20世纪中叶，Medicare医疗保险和Medicaid医疗补助等社会福利开始实施：养老院行业有了发展和繁荣的资金。除了"家庭式"养老院外，由投资人拥有的大型连锁机构出现了。随着这个行业的繁荣，问题也来了。不时有丑闻登上新闻头条。护理的质量很糟糕；大多数提供人工护理的人员没有接受过正规培训；入住的老人没有经过科学的病情评估；护理场所经常采取限制措施；虐待行为被忽视；被护理者的权益被降到了最低；精神健康问题也没有得到处理；员工没有经过犯罪背景或虐待患者历史的调查。直到20世纪80年代末90年代初，通过了纠正性立法，这些问题才得到解决。

此外，随着人口老龄化和老年人数量可能的爆发性增长，人们越来越多地开始关注养老院和其他长期护理机构。更多老年病学和老年人学方面的医护专业化和证书项目得到了发展。养老院更加融入了医疗实践。

如今，养老院里住着那些最为虚弱和病重的老年人。入住养老院的老人社会经济地位各不相同，全美有大约一半的养老院护理费用由Medicaid医疗补助支付。Medicare医疗保险并不支付长期护理的费用，而只覆盖用于康复的短期住院、某些辅助设备如特殊轮椅和伤口护理必需品等供应品。虽然大多数老人在入院时并不一定贫困，但很多人仅仅几个月时间就耗尽了毕生积蓄，变成符合申请Medicaid医疗补助条件的人。大约三分之一的养老院老人入住不到6个月，还有三分之一在6个月到2年之间，剩余三分之一在2年以上。

监控护理质量

对养老院的监管已经越来越规范,很多地方都安装了监管系统,用于监督护理的规范性,比如压疮(褥疮)、摔倒受伤、不当用药、使用禁锢、粪便梗塞、病痛管理不足、功能意外衰竭等。

在老人入院时和入院后,都需要定期为老人的健康状况进行评估。护理人员必须要经过专业培训才能持证上岗,并且每年都要进行继续教育,累计学习积分。监管单位规定,各养老机构必须要有质量保证制度。每家机构都必须有一名指定的医疗主管。各州和各监管单位要在互联网上公布监管报告,每家养老机构要在显著位置公示监管报告。尽管养老院在实际操作方面已经有了这么多纠正性的改变,但是仍有很多有待改善的空间。

做出决定

把父母送去安置是你将不得不做出的最痛苦决定。为什么呢?首先,你的父母可能并不想去,并可能对此非常直言不讳。"你要把我送到养老院去?你是想我死吗?难道我不是个足够好的家长?你怎么不把我直接扔掉呢?"所以,现在你会被满满的负罪感击穿。其次,作为一个护理者,你左右为难,满怀疑虑。"我真的做得够了吗?还有什么其他方法我能试试的?"

护理者会充满这些情绪,但你必须把它们放在一边,用一种合乎逻辑的、理智的、呵护的方式来对待这个局面。仔细评估你所挚爱的亲人的情况。这里有一些细节供探查:他能自己洗澡、穿衣和洗漱、独立使用厕所、安全地落座和起身、上下床、独立行走、拿取和准备食品、自己吃饭、服药、找到社交机会吗？如果你对以上大部分问题的回答是"不能"，那么你年迈的亲人的独立状况堪忧。深呼吸一下，向自己提出一个尖锐的问题："我到底能提供多少帮助？"

这里还有一些问题供你思考：如果要把你的父母留在家中，这个家是合适的场所吗？需要什么护理？可以启动一个安全而实际的计划吗？代价是什么？钱从哪里来？钱够持续多久？钱用完了该怎么办？

支付居家护理的费用

Medicare 医疗保险通常会为符合特定标准的居家人士支付间歇性的护理费用。诸如护理、物理疗法、作业治疗等专业技术服务可以提供上门服务，还有极少数助理服务也可以。一般来说，Medicare 医疗保险并不支付"保管服务"——监管、个人护理、餐食准备、家务费用。Medicaid 医疗补助要求有充分的证据证明在医疗和财务方面需要救助，才会为这些服务买单。大部分老年人都需要自费支付家庭健康护理费用、聘请护理人员或家庭健康机构的员工，用他们的钱包和脚投票留在自己的家里，而不是去寻求安置。

安排居家护理

如果你坚持居家护理，那么首先你需要找到资金来源。如果老人符合 Medicaid 医疗补助的资格，那么 Medicaid 医疗补助的人员会进行一次评估并指定一个护理计划。另一方面，如果老人有一定的养老积蓄，那么下一步就是制订一个家庭护理计划。如，需要一位助理来具体提供什么服务？老人每天实际需要多少小时的护理？要决定这个，护理者必须弄清楚老人每次可以安全地独处多长时间。他们晚上独自待着会有危险吗？并且考虑如下问题：他们可能会出门走失吗？他们曾经跌倒过吗？他们能认识房子周围的路吗？他们在紧急情况下能打电话求助吗？他们能安全地独自离家参加社交活动吗？比如老年中心、宗教仪式、文化活动、看医生、做美容？如果可以的话，需要哪种交通方式？如果他们较为脆弱，那么成人日托中心可能是有限居家护理的一个良好补充，那里会提供社交、餐食、监护和交通。

寻找居家护理服务

如果你已经决定自己的亲人不需要整日整夜的帮助，那么可以聘请小时工。另一方面，如果你的亲人需要不间断地监护，则他需要一个全天候的助理。这可以通过不同途径实现，如聘请全日制的居家护理，每天2到3个班次，或者由一位家人兼职，由聘请的护工补充。要寻找外部帮工，你可以联系本地区有执照许可并可能获得Medicare医疗保险认证的居家健康机构。你可以寻找一家经认证居家健康助理（CHHA）机构或经认证护理助理（CNA）机构。这些机构通常会进行征信调查和背景调查，并提供由注册护士进行的评估和监管。有的机构还会处理工资和税务事项，可以顺便打听一下这些服务。有些机构会收取一笔中介费，然后帮你找到一家合适的养老院，而养老院的费用由你单独支付。或者，你可以通过家人、邻居或朋友的私人推荐找到某位人士，对其进行一些背景调查和征信调查。你不仅要关注他们的书面资质，还要着眼于他们的个人品质，比如同情心、热心和友善。所有这方面都要有一个人在负责，比如一位管家或主管。当脆弱的老年人不再能够做这个时，通常由一位家庭成员来做。这很吓人吗？是的。有必要吗？有。

在你排除居家护理之前，还有其他替代方案：你可以聘请一位专业老年护理经理来安排并监督一切事情。这是一种较新的服务类型，是老龄化爆发、"三明治一代"的压力以及大多数成年子女都在工作的事实所带来的结果。与之伴随的是地域流动性提高，产生了远程护理的模式。虽然成年子女们无法总是马上到场，但他们确实想保证自己年迈的双亲有人护理。

有些州提供养老院的居家替代服务，通常由 Medicaid 医疗补助特殊豁免权来支付这笔费用。满足财务和医疗标准的老年人留在家中接受不同服务选项。虽然这些项目是传统居家护理的延伸，但他们通常并不提供 24 小时看管服务，因此更适合那些并不是独自生活的老年人。

居家护理适合每个人吗？

你可能想要这么做，你的父母、兄弟姊妹、邻居可能想要你这么做，你自己的内心也在促使你去做。但现实又是怎么样的呢？你真的能如愿以偿吗？

在家中护理一位老人绝不是一个静态的情况。你必须随时保持警觉，准备好在一瞬间做出应变。你父亲的医疗助理打电话来说她找不到他了，他一定是在她淋浴的时候走失了。你去哪里找？给谁打电话？或者，母亲的助理家里有急事，她必须去另一个州——现在就得去。她在你家工作好几个月了，一时根本找不到可以替代她的人。又或者说，母亲的病情出现了很大的变化，她需要进急诊室，你要马上去陪护她。又或者，厨房水龙头漏水了，忽然变成了瀑布，助理关不上它，周围没有人能去帮她，谁能放下手里的一切跑过去呢？

居家护理的花费可能和机构护理一样昂贵，甚至更多。例如，如果被护理者已经形成了不规律的睡眠模式，失智症后期就会这样，并需要全天候监管和帮助,你可能不得不选择轮班护理(两班倒,各 12 小时;三班倒,各 8 小时)的方式,轮班护理的过程中,每分每秒都要花钱。或者,如果被护理者很胖,有时候还需要再请一个人来抬起和搀扶他,这也会增加费用。虽然安置在护理机构可能并不是你的优先选项,但考虑到居家护理的复杂性,你可能需要重新考虑一下。

重新考虑:我现在要做什么?

是时候了,抉择是艰难的,但安置即将来临。哪种机构最适合你亲人的需求呢?当人们在考虑机构的时候,跳到他们头脑中的第一个念头就是——养老院。过去通常是这样。但现在不同了。各种各样的机构提供着各种各样的护理服务,配置设施也多种多样。具体都有哪些不同类型的机构呢?

寄宿之家、团体之家、居住式护理机构和辅助生活机构通常都适合那些没有持续性专业医疗需求的人——比如 24 小时现场护理、复杂的特种饮食或严重褥疮的伤口护理。有的机构为特定情况提供服务,比如阿尔茨海默病、慢性精神问题或创伤性脑损伤。它们的规模和费用各不相同。有的规模小一些,比传统的养老院更像家庭式护理机构,它们的员工配置和提供的服务水平差别很大,但对那些倾向小环境的人来说可能是个不错的选项。此外,其费用也可能低一些,这对资金有限的家庭来说是有一定吸引力。虽然有些津贴项目(Medicaid 医疗补助、残障津贴或临时托管)可能会支付一些机构的入住费用,不过每个州的规则都有所不同。

不间断护理型退休社区(CCRC)为入住者提供多种层次的"生活护理"服务。这些不同层次的服务通常是在一个园区内,包括独立居住、辅助生活、居家护理、养老院护理和临终关怀，有的机构还有它们自己的医疗人员和诊所。这些机构中有些非常高端，也有其他中档一些的，费用各不相同。不间断护理型退休社区的优势在于住户能够在他们所熟悉的社区里接受护理，并且社区能够满足他们不断变化的护理需求。此外，一对有着完全不同护理需求的夫妇可以留在同一个社区，较为健康的一方很容易就接触到患病的伴侣。不间断护理型退休社区的费用并不一定会随着护理需求的增加而相应提高。因为有时候，入住的门槛和费用非常高，这笔入住资金可以用来支付后来的护理费用。如果你的父母比较健康，这是一个不错的选项。不间断护理型退休社区就像买保险，因此已经罹患某些疾病的老人可能会被排除在外。到了个人需要进养老院的时候，这个选项就显得太迟了。

辅助生活机构

辅助生活机构是带有服务的居所。它不像养老院那样提供全套服务给每一位住户，辅助生活机构更像是一个零售菜单，人们可以只挑选他们需要的那些服务，费用通过选择了哪些服务来决定。辅助生活机构可以是独立式的，或是是带有一系列服务的园区。它们可以是个体所有的，也可以是连锁企业。主办这类机构的可以是营利性团体，也可以是非营利性的团体。

老年人们居住在大套间或小公寓里，单住或合住，接受基本的服务套餐，包括家务、餐饮、护理监管、活动以及就医、参加宗教和户外活动的交通。他们也能购买额外的服务，这可能包括用药管理、私人护理帮助、前往参加活动和护理服务的陪同服务。辅助生活机构的住户们可以把自己的家具带来，如果还能开车的话，也可以保留一辆车子。

有的辅助生活机构设有专门的失智患者部门，但它们在规模、配置、人员配备、培训和住户选择上各有不同。谨慎的家人有必要事先研究确定这其中的细节。

辅助生活机构通常需要自费，尽管有的州会通过 Medicaid 医疗补助支付一部分。有些长期护理保险也会负担这项费用。辅助生活机构通常比养老院更美观，这是很多家庭更青睐它们的原因。对那些需要较少护理的人士来说，它们也可能更划算。但是，随着护理需要的升级，费用也会增加，所有这些在做决定的时候都要考虑到。

选择辅助生活机构

辅助生活机构在机构设计、环境、资金、资助、人员配备、服务和费用方面各有不同。没有全国性的标准，各州的法规也不尽相同。不同地区之间的供应程度也不同。如果你觉得这种护理适合你的亲人，你要选择一家最符合他的需要和喜好的机构。尽可能多地收集信息：询问朋友和邻居、牧师、医生和社区领袖，并列出含有各种可能性的清单。接着，要迈开脚步了：安排一次参观，四下里看看，并提些问题——是否要先带着你的亲人一起去参观取决于他们是不是能去、他们的认知状态和体力。如果家里的老年人同意你制订一个简短列表以后去看看，那就这么办。接下来，你们可以一起参观一两家选中的机构，看看空房间或套间，甚至尝试一下那里的午餐。你应该看些什么呢？

机构

建筑的外观和设计有吸引力、让人愉悦吗？它是否整洁、维护良好并没有异味？它是否照明良好、令人舒心呢？活动和就餐空间有吸引力吗？容易在四周逛逛吗？对行动有问题的人是否友好呢——有容易进入的电梯吗？有残障人士可以使用的淋浴吗？走廊宽阔吗？廊道里有扶手栏杆吗？所有区域都可以进轮椅吗？个人起居单元是什么样的？如果张贴有执照和检查报告，要看一下。

住户

住户们看起来开心舒适吗？他们彼此之间交往吗？他们会参加各种活动吗？当你在里面穿行的时候，他们和你互动吗？他们看起来会是你的亲人的合适室友吗？

职员

他们热心和蔼吗？他们会叫出住户的名字并和他们互动吗？每个班次有多少名职工？他们受过什么样的培训？谁在管理药物？每隔多久会有护士到屋子里来？

服务

每个住户会有一份书面服务或护理计划吗？谁来评估他们的健康和个人护理需求，多长时间一次？在什么情况下，住户要从机构搬走，有什么程序？机构关于药品存放、用药帮助、服药记录管理的政策如何？允许自己管理药品吗？如果住户将来需要转到养老院去，机构的政策是怎么样的？它们和特定养老院有安排吗？有些辅助生活机构是可能包括养老院和医院在内的大型护理或园区系统的一部分。了解这些情况很重要。

餐饮服务

每天都会提供营养均衡的三餐吗？有零食提供吗？有特别食谱吗？如果有的话，是哪些种类？食堂是什么样的？是谁在供应食物——餐厅服务员还是那些私人护理助理？在什么情况下，住户可以让餐食送到他们房间里——这么做会额外收费吗？公布的菜单看起来诱人吗？有没有公布一个"满意的"厨房检查结果？

活动

住户是忙忙碌碌还是无所事事——盯着电视屏幕或打瞌睡？公布的活动看上去有意思并且多样化吗？你的亲人会对它们感兴趣吗？

交通

运送住户去看医生、参加活动、购物和教堂的政策如何？使用什么车辆？他们会被护送着去预约地点还是仅仅到地方了就让他们下车？

失智患者部门

有些机构拥有专门的失智患者部门，它们之间区别很大。老人住在一个辅助生活机构并且"适龄"时，他们的认知能力可能会衰退，可能就需要专门服务。此外，失智患者的家人也越来越多地寻求辅助生活机构，因为它们通常比养老院便宜，更有吸引力。家人必须确切知道是什么让失智患者部门与众不同，包括环境特征、人员配备、员工培训、餐食服务、活动、典型住户看上去怎么样，身体机能如何，有什么服务提供。问一下费用是多少，还会收取什么额外费用。例如，有的机构会为失禁护理收取额外的费用。

合同和费用

向机构索要一份合同样本或住户协议。你可能需要在签字前把它交给你的律师审核。你也想要知道当你的亲人钱用完了的时候会怎么样——如果Medicaid医疗补助可以为你的亲人支付这个服务的话，该机构会接受吗？

选择养老院

并不是所有养老院都一模一样。不同的规模、所有权、提供的服务、护理费用和服务质量使得每一家的情况都各不相同，要根据其自身特点来评估，不要随意选择，同时要进行一些认真的走访调查。但是，要清楚在美国的有些地区，选择很有限。尤其在农村地区，可能在方圆50英里（约80.47千米）范围内只有一家机构。

一个不错的办法就是制订一个简短的需求列表。可以向你父母的医生、朋友、牧师和邻居寻求推荐，也可以给当地老龄办公室或者有关各类疾病的协会团体打电话咨询，比如阿尔茨海默病协会。现在你有了一个选择清单，下面是一些在选择时需要关注的指标。

先从位置开始。可达性和邻近性是最优先级，这样可以更容易随时去探望老人。长途旅行会增加你的压力。老人的家人，比如你，是护理团队至关重要的一部分。即使你把逐日的护理移交给了养老院职员，但你仍旧是个护理者。你的角色将有所不同，你将会成为信息的来源、探望者、倡导者、陪护者、抚慰者和人力资源提供者。记住，你为新"护理家庭"所提供的支持是影响老人所得到的护理质量的关键因素。

查明有什么服务可以提供。不要害怕提问。例如，如果你的母亲有失智症状，你就需要询问这家机构是否有指定的失智患者部门，以及她是否可以申请加入。如果没有专门部门，你可能需要解决一些顾虑，比如是否有看管措施，以防止她在没人注意的情况下从机构溜出去走失。你也需要知道机构会提供什么特别活动；员工是否已经受过关于失智人士特别需求的护理培训。

相反，如果你的母亲神志清楚，那么机构会为她提供什么样的护理？会有一个部门给老人在室友、就餐伙伴和活动方面给予特别关注吗？老人会离开他们的部门就餐和活动吗？在就餐时间看一看食堂，查看活动日历，参加一次你觉得可能合适的活动。

如果你的亲人需要康复服务，查明那是怎么回事——确切提供哪些

第八章　安置之路

服务？每天提供多少小时的治疗？这通常包括物理疗法、作业疗法和语言能力恢复治疗，此外还有通常的养老服务。有些机构还提供认知康复治疗。物理疗法需要着眼于平衡和行动、改善肌肉和关节功能、缓解疼痛、讲授辅助设施的使用，诸如拐杖、轮椅和步行器。作业疗法提供日常生活活动的改善和再学习、良好的运动协调。语言能力恢复治疗专注于交流技能和吞咽能力。

你可能还会问，这个机构有没有特别的康复或"亚急性"部门（名称因不同地方而异）。如果有一个单独的部门，说明这里对入住时间较短的患者有着更为统一的分组。有的机构专门致力于康复，可能被称为康复医院或康复中心，而不是被称为养老院。有的养老院可能有高度专门化的康复部门——如对心脏病或中风后的护理。要注意，对康复的需求往往是突如其来的，通常发生在手术住院或中风之后，选择机构时需要当机立断，同时也取决于机构是否可以提供相关康复服务。

询问一下该机构的财务政策。他们对自费患者的收费是怎样的？费用里包括哪些项目？如果你父母的钱用完了会怎么样？他们接受Medicaid医疗补助吗？从自费状态转到Medicaid医疗补助的流程顺利吗？他们会帮着准备和提交Medicaid医疗补助的申请材料吗？如果他们不接受使用医疗补助（大多数养老院是接受的），就需要事先弄清楚；如果你父母的资金不足，就要考虑其他地方。

员工和患者的比例是多少？分派给每个执业护理助理（CNA）的患者越少，护理的效果自然就会更好。但是，这仅仅是故事的开始。首先，每天有三个班次的护理助理，每个班次的人数都不同，通常夜班会人少一点。有些情况下，夜班员工人数较少，可能会不够用。例如，失智使得老人的睡眠失调，有的患者会日夜不分。当这些患者在夜里起身时，他们需要有人照料。其次，是否有各种各样的行政性质和顾问性质的护理岗位，包括主管、护士教育者、伤口护理专家、感染控制专家、质量保证人士。虽然这些岗位都至关重要，但是，他们通常并不亲自动手实操。实际中的护理照料由注册护士和有执照的执业护士完成，他们也会分派并监督一些助手。

护理服务质量的一个非常重要的指标就是所提供服务的连续性。这由员工的流动率以及临时中介雇员的比例来衡量。流动率和中介人员的使用程度越高，则员工熟悉住户并提供连贯护理的可能性就越小。

环境如何？你去那里看、闻、听。你的第一直觉反应如何？你是想要逃跑、哭泣、尖叫还是想留下来了解更多情况？环境看起来有吸引力并得到了良好维护吗？就餐区整洁吗？有无让人不快的异味？有无漂亮的角落让人交流并保留隐私？有没有为活动准备具有吸引力的区域和用品？员工是否看起来很专心，并和住户有互动？他们看起来是有求必应的吗？

开饭时间看起来怎么样？就餐区域看着怎么样？食物看上去和闻起来如何？住户会马上得到供餐吗？员工会帮着解开或揭开食品包装、打开牛奶盒、使用调味品、切开食物吗？当住户要求的时候，会提供替代选择品吗？餐食和公布的菜单匹配吗？会有符合你的亲人的饮食偏好的餐食提供吗——有无素食主义者、犹太食品或文化上适合的食物？午餐时间是巡游一家机构的好时段，这样你就能够自己来检查这些事情。

有些什么活动？看看公布的活动日程表。它会多种多样吗——娱乐、庆典、小组活动、个人活动以及宗教服务？它有考虑到特别的兴趣和需要吗？晚上和周末有活动吗？活动区域好看吗？空间相对于使用它的人数来说足够宽敞吗？游戏、设备和供应品随时可供个人或小组用来做自己的事情吗——比如打牌、下跳棋或象棋，以及使用电脑？负责活动的员工怎么样？有多少人来组织活动？他们的安排表怎么样——他们晚上和周末会在吗？是否至少有时候会在？

护理质量如何？可以通过互联网查询养老院报告单、养老院比较报告或 Medicare 医疗保险和 Medicaid 医疗补助服务质量倡议中心提供的信息了解不同养老院的护理质量。养老院报告单提供了州卫生厅发布的调查信息，但是请记住，报告的发布时间可能已经有一年乃至更久的时间，情况或许已经有所变化——例如报告上显示某些养老院护理质量不怎么好，但现在可能会好得多，反之亦然。质量倡议项目涵盖了一些重要指标，比如褥疮、感染症状的发展、失控的疼痛管理、采用身体限制的方式约束监管以及缺少基本的日常活动。这些信息虽然很重要，但并不完。你的感觉会告诉你很多情况。可以实地观察养老院的住户是不是得到了良好护理，他们看起来对养老院满意吗？

设身处地想一想，在所有事情都考虑周全的情况下，以你对老人的了解，以及对场所的实地考察，老人在这家机构里会感到舒适并得到很好护理吗？还要考虑一下你自己：把你的内疚和矛盾放在一边，你觉得自己能够安心地来探望吗？如果你已经有了肯定的答案，那么就要相信你的直觉，和你的父母、养老院的工作人员一起努力实现它。

如何把老人送去

罗素说："我不知道我要怎么样把他送到那里。我觉得那里棒极了，并且恰好是他所需要的，但是，老天，把他送到那里……又是另一回事。"这是一种非常普遍的心态。虽然我们会提供许多建议，但有的可能并不能满足我们的要求。适应并改变它们，重要的事情是实现你的目的——让你的父母得到安置。

从医院直接搬到康复机构，对老人来说通常比较容易接受，因为通常这是从医疗角度考量后决定的，并且康复机构比医院更像家一些。但情况也许不都是那么乐观，当老人不接受康复机构护理的时候，你能给出的最佳解释是："这是医生要求的，到康复机构会让你变得更好。我们会经常去探望你，等你完全康复了就把你带回家。"

前往辅助生活机构或养老院接受长期护理对老人来说就比较难接受。如果是直接从医院转移过去，会容易一点，因为老人会期待着在那里逐渐康复。如果是要把老人从他们的家里送到养老院或辅助生活机构，情况就会颇为棘手。家是他们多年来的安乐窝，他们非常习惯居家生活，现在要从家里前往一个未知的地方，会让人感到很害怕。不管已经做了多少准备，不管他们的适应能力有多强，在他们头脑中，那里仍然危险重重。老人对陌生环境的恐惧会无形中增加你的压力，让本就负担重重的你更加揪心。但是，不要乱了分寸。你需要同时做到意志坚定、目标导向并具有同理心。

如果你的父母已经有失智症状了，该怎么办？你该如何说服他去养老机构？在很多情况下，你不能跟他讲太多。即便你这么做了，他也记不住。事先通知对他来说于事无补。实际上，讲太多会引发灾难性反应。那么，你该怎么做才好呢？总体上来说，你必须这么做，不管发生什么，你都得处理。在夜晚他睡着的时候或者当他离家在外的时候把行李打包装车，避免或减少触怒他。在搬去的那一天，带上够用一周的衣服、他的洗漱包、家人照片和一个钟爱的毛毯或物件。如果能做到的话，要在入住前就把他的东西放进他的新房间里，这样会带来一点熟悉感。你可以在没那么手忙脚乱的时候再把其他的日用品带来。

当你收拾妥当准备离家之时，给他一个心爱之物，或者喜欢的零食在路上吃。如果之前已经请了居家健康助理护理过他，就带上那个人一起帮助老人安顿下来。尽量在上午靠近中午时抵达养老院，这样可以通过让他参与养老院正在举行的活动而使他分心，也为他创造了社交的机会。你和他共进午餐是一个很棒的主意。

实际上你要怎么说服老人？要从积极的方向入手，投其所好。例如，如果老人喜欢音乐，就强调他们能够享受到的音乐活动和娱乐。如果他喜欢社交，就强调增加了与其他人交往的机会，他可能在家一直很孤单。如果他经常摔倒，要强调那里会有人照顾他，日夜都会得到保护。开动脑筋，不要剥夺他们的希望。如果他坚持不需要住在那里，你可以回答说："医生说你现在必须在这里，好帮助你更好地走路，或增加体重，或和其他人待在一起。"不要许下你无法实现或不想实现的承诺，不要许诺会带他回家。而是要用一些不确定的话，比如"我们要看你表现怎么样""先试试看"，要让他确信你是爱他的，会对他不离不弃。

头几个小时——也可能是头几周——将会状况百出。老人被安置后面临着身份危机，"我是谁？""我在这里做什么？"现在他必须适应新的规则，因为不管养老院的环境多么"宾至如归"，老人在那里也必须遵守某些基本规范。离开熟悉的环境对他来说就是一种损失。

老人和你都要做出一个重大调整，相信你们都是能够克服的。同时也要明白，在这个过渡时期，你也需要关心自己。为了减轻你在探望老人时的压力，你可以带上其他人——朋友、配偶、兄弟姊妹、成年子女，和你一起去，以分散压力和注意力。如果找不到人陪同，就选择一个可以和老人一同参加的活动的时段前去探望。并且，在两次探望之间，尽量恢复你的正常生活。

安置：到底是做什么？

安置，就是我们把对亲人的身体护理工作移交给一家机构，并期望能感到解脱。但情况并不总是这样。虽然你会获得体力上的解脱，但情感后果汹涌而来。在多年护理之后，安置是一种损失，失去了那个全身心投入的角色，失去了构成我们生活的一项工作。可能还会觉得丢脸：你可能会把自己的行为看作一种"失败"，并想象其他人也会这么认为。你可能会感觉很糟糕，也可能会感到失落和悲伤，还可能会有强烈的内疚感。从理智上来说，你会意识到自己做了一件必须要做的事情。但是，你的情感反应会挥之不去——尤其是内疚感。一个儿子说："哪怕我知道我妈妈被照顾得非常好，状态比她进养老院之前强多了，但我每次去探望的时候还是满心歉疚。"

即使你把护理老人的工作移交出去，但是焦虑和担心并没有减少，你会时刻担心养老院能否照顾妥帖。"当我妈妈半夜叫我名字的时候，他们会怎么回应她？她能找到卫生间吗？"你一定会每天都想去探望并在那里逗留。毕竟，你觉得你是那个真正知道怎样护理你的亲人的人。对吧？

一般来说，机构的护理人员会照顾得很好。在你的帮助下，他们会熟悉你的亲人的习惯、好恶和个性。这些都会被考虑到。如果可以的话，你就定期去探望，并鼓励其他人也这么做——邻居、朋友、其他亲人以及孙辈——但不要每天都在那流连忘返。在你克服了最初的变化之后，要意识到，你现在多了一些时间和精力留给自己，是时候开始重建你自己的生活了。

莎蒂：一次成功的安置

　　莎蒂和她女儿珍妮、女婿尤金以及他们的家人住在一起。随着莎蒂年龄渐长，身体日渐衰弱，她需要人时刻护理，护理工作给珍妮在时间和精力上造成的压力与日俱增。尤金感觉她在瞒着自己和孩子们。有一天，莎蒂摔倒了，腿部骨折，她住进了医院，接受了手术。出院计划员敦促这家人考虑把莎蒂送去一家住院患者康复机构。他们都同意了。莎蒂喜欢那家机构，她觉得自己可以在那里长期居住。珍妮和尤金意识到为莎蒂提供护理牵涉甚多，都认为安置不仅对莎蒂有好处，也对他们的婚姻有好处。对这家人来说，安置是积极的。

顺利探望的诀窍

　　在探望老人之前，不要设定太高的期望。面对生活环境的巨大改变，你的亲人可能会变得更加糊涂、失去判断力以及焦虑。而且，不见得你每次去探望的时候情况都很好。你的亲人可能会拒绝去美发店，即便你已经专门预约了时间；他的眼镜可能弄丢了，怎么也找不到。面对这些状况，你要尽最大可能去尝试解决问题。

　　认同老人的感受。

　　保持同理心，并对每次探望可能会遇到的各种反应持开放和包容的心态。他可能会对你生气、对食物生气、对员工生气、对这个地方生气、对生活生气。相反地，他可能对食物感到满意、对护士感到满意，但还是迁怒于你。不要被这些负面的情绪所困扰。此外，不要反驳他，也不要尝试讲道理。如果你的亲人变得恶语相向、反复无常，就缩短探望时间，平心静气地告诉他你现在得走了，但打算不久后再回来。情绪只是情绪而已，随它去吧。对你来说也是一样的。

优化你的探望。

把探望和你能分享的一次活动规划在一起，比如一次娱乐活动或一场派对。试着选择一天中合适的时间去探望，比如午后前往，你可以和亲人一起散步，或推轮椅带他们去外面看看风景、呼吸新鲜空气；或者带一项新的活动过来——一本相册，一段家庭录像，一只宠物，一个孙辈，一篇新闻报道，针织、钩编或缝纫活。在你对这家机构越来越熟悉之后，可以约另一位住户的家人一起前去探望，这样可以创造更多的社交机会，让老人们熟悉起来。

和工作人员进行沟通。

去了解他们，知道他们的名字，感谢他们的护理，让他们知道哪些地方做得好，哪些地方可以改善。

我们已经列出了一系列步骤，可以让你和老人在改变生活环境的过程中不那么痛苦，但这些步骤并不总是容易遵循。人类行为有其自身的缺陷，有的子女对这个过程处理得很圆满，有的则功败垂成。总的来说，出于好意的子女都会在成功和失败之间拉锯。在这个人生的重大改变中，最为现实的目标是帮助你的父母在理性上做出更让人满意的转变和调整，并在这个过程中不断调整自己的心态。耐心、理解和同理心会帮你渡过难关。

通往安置之路充满坎坷，但也可能是漫长艰苦的护理之旅的最优选择。对很多人来说，安置标志着那些亲密而宝贵的关系有了不可逆的变化。不过，要确信你做了势在必行的事情。现在，一个护理团队会照料你患病的亲人，你将一直是这个护理团队中重要的组成部分，而且你不再是孤军奋战了。

第九章 当你的父母难以对付时

仔细想一想,你的父母也曾经是儿童、青少年、成年人,现在是老年个体。他和他的性格一路相伴。虽然你并没有看到种子生根发芽,但这就是那棵长成的大树,底下盘根错节,你看不到,也不了解。如今,困难摆在面前。墙上的小裂缝如今可能会变成大洞。你必须应对这一切。

最难对付的性格是什么?莎士比亚笔下的李尔王就是一个例子:一个不仅是乞求,而是强求女儿们不断崇敬和关注自己的家长。虽然不再能够掌权,但失去自尊让他恼羞成怒。他需要不断的掌声,这种渴望永不中止,无论他的女儿们做什么,他都不满意。

是什么让老人难以对付?是他对自己身陷困难缺乏认识,无法承认他的行为影响了其他人。不管他的内心体验怎么样,这种情绪都会波及你,但他对此毫无自责。正如奥斯卡·王尔德所说的那样:他们是睁眼瞎。

你会经常觉得父母难以对付吗?不,作为一个孩子,你实际上看到的是两个高大、雄伟的巨人,他们照顾你、喂养你、抚育你,除了个别虐待案例外,他们是你的英雄。你对他们的形象进行了理想化处理,这是发育的正常现象。他们也映射着你,知道你是什么样的人,了解你的成长过程。不过,现在他们的行为有了这样的变化,这并不是年老必然要出现的情况。

即使对于难以对付的人,行为也因人而异。虽然我们并不是在说精神方面的诊断,当令人不安的习气频繁地或强烈地发生时,就显得很棘手。以下是护理者们所发现的最难以对付的一些行为特征。

操控者

操控这个词经常和骗子联系在一起,那些人欺骗、偷窃或利用别人为自己捞好处,不太顾及他人。然而,我们也都进行过操控,它也可能有益处。当有人告诉你一部他想看的电影,而你马上说:"哦不,那个片子的评论很差,让我们去看另外这一部,它的评论好极了——别人告诉我它是'必看'的。"那你就是在操控。但是,出于好意的操控可以有益处,比如对一个去看了她想看的电影的女士来说。

丹的父亲是另一种情况。他说:"我爸爸想要来和我一起住。"

他开什么玩笑?我把他接进来住?他是不是神经错乱了。你知道他是个什么样的父亲?他是操控之王。他的故事都可以写书了。他和我母亲结了婚,有了我们三个子女,我自己和两个姐妹,一个姐姐一个妹妹。他是一名探员,经常不在家。当我妈妈问他在哪里的时候,他总是说在"处理一个案子"。好吧,探员就是干那个的——对吧?她这么善良、天真,但我们爱她的这些品质。当她问他为什么有时候随身带着衣服出门或者带些衣服回家换洗时,他说自己经常在车里换衣服,这样会让自己感觉又变清爽了。他总有借口。然后有一天,我妈妈的一个朋友问她是不是离婚了。我妈妈说:"哦,我们没有离婚。你从哪里听来的?"她说她在一次聚会上遇到一个人,那个人介绍她自己是某某夫人,用的是我爸爸的姓。那位女士说她丈夫也是个探员,他们住在离我爸爸工作单位很近的地区。我妈妈去质问我爸爸。你一定要听听这个故事——对,他有了另外一位妻子,他和这个妻子还生了两个女儿。当然,那是非法的。他是个重婚者,我们三个子女有了两个同父异母的姐妹。我们都惊呆了,一头雾水,又生气又沮丧。当我妈妈从这个打击中缓过来之后,她就和他离婚了,不原谅他,但也无法忘怀。她努力重新振作起来,继续自己的生活。我们看在眼里,站在她这一边支持她。

我爸爸呢?他现在住在一家退伍军人管理局医院里,患有某种紊乱症,已经可以出院了。他想去哪里呢?来我家?他有没有一点自知之明,他是怎么用他的三寸不烂之舌和操控行径毁掉我们这个家的?不,绝对不可能。他应该去哪里?既然他以前能操控,就让他接着那么做好了。他总有办法的,对吧?只是别扯上我。

你在其中的角色是什么?要说清楚。操控者并不会改变。如果你能替他着想,并且这花不了太大力气,那么当出现上述故事中那样的负面操控行为时,就尽你所能。你要明白禀性难移,有的人的脾气是一辈子都不会改变的,去做你应该做的事情,保护自己以免沦为牺牲品。

在这个事例当中,医院会安排照料他的父亲,丹知道他不会被扔到大街上。他气得没法把他父亲带回家,周围其他人也同样感受到了这种剑拔弩张。后来,丹发现那个"另外的妻子"也不想要他,他的女儿们也一样。

无助感

一般而言,我们社会把老年人看得比较脆弱。你很少看到老人打网球、跑步和获得马拉松比赛的胜利,也很少听说他们还会有活跃的性生活,在电影或电视中也很少看到他们以情侣的形象出现。并且,有的老人会把这样的形象发挥到极致:我年老体衰,无依无靠,不能做事也没有办法;你是照顾我的亲人,必须替我做一切事情;不仅这样,你还要做得又快又好,忘我投入。并且,老年人有时候会利用他们的虚弱来控制所有人。如果他们和子女生活在一起,那么过了一定时间就不能大声播放音乐,因为"祖父/祖母/妈妈/爸爸会不高兴——他们正在睡觉,他们不喜欢这种音乐,或者他们觉得头晕",于是,生活几乎触礁了,每个人都屈服于这种无助,这让他们也重蹈覆辙,倍感无助。

一位儿子正在养老院探望他的父亲。那位父亲说:"她就是不想为我做那件事。"儿子知道他父亲在谈论那位护理助理,就问:"做什么事情?""哎呀,她让我脏着。""你说脏是什么意思?"父亲生气地说:"她不给我擦屁股。"儿子深吸一口气:"她为什么应该做那个呢,爸爸?"父亲回答:"你怎么了?你看不到我的手臂几乎动不了吗?"儿子担心他可能会冒犯到他,迟疑着说:"可是,爸爸,你吃饭的时候我刚刚和你坐在一起,看到你可以拿刀叉和汤匙,可以将食物送进嘴里,你的手看起来没问题。你同样可以给自己擦屁股。"他父亲回答说:"你就是永远也不明白。"

这位儿子明白得很。直接说出那个"无助的"老年人能做什么会让你感觉好一些,但于事无补。你需要清楚并且避免卷入这样的把戏中。坚持你对现实的有效验证,并守住底线。如果你想要检验实际情况,那就和所有护理他的人进行再次确认。这些有问题的行为并不是如希腊神话中雅典娜从宙斯的脑袋里飞出来的那样突然出现的,而是已经长期存在,并且还会继续存在下去。如果你理解这种情况的话,你也要坚持下去。

疑病症患者

有些老年人利用他们真真假假的虚弱来占据主动。有一点小疼痛就会大呼小叫，好像大病降临。他们总是作最坏的打算。在探望结束时，他们可能会和准备走的人说："让我现在就说再会，因为明天我就不在这里了。"你可能会怀疑这要持续好几年。弗兰妮就是这样一个人。从50多岁开始，她就不断看到"黑天使"在门口，并一直"命悬一线"。她不停地嚷嚷着自己的心愿，把她的珍贵物品送人，并强调生命的徒劳。她利用每一个机会喊"狼来了"。而当她的身体出现真正的紧急状况时，医疗介入为时已晚，因为没人相信她。

疑病症患者对于身体机能及其与大脑和精神的关系所知甚少。他们惊慌失措，把身体视为机器，指望它严丝合缝。他们无法容忍身体机能及其对大脑影响的关系出现波动，一有风吹草动就跑去看医生，这变成了一种生活方式——不断求得他们不会死去的保证。

除了干扰家庭护理者，这种持续不断的"危机"还会搅动起焦虑、共鸣、担心和无助等情绪。你无法进行评估，只能一再询问医护人员，这样反复的询问会让你觉得自己很愚蠢。你应该做些什么？首要的事情是，为了让你的被护理者平静下来，你自己需要保持冷静。你的放松的能量对他们会有安慰。然后，对正在发生的事情保持你的良好感知，并且观察、观察、再观察，仔仔细细地观察。在你看来，如果最新的问题不同寻常，宁可稳妥一些，采取必要的措施，有时候"狼"真的会来。

疑 心 病

基本上，人们并不信任那些连自己都信不过的人。疑心的程度有不同,轻度的怀疑是一种个性,极端妄想则是一种精神疾病。不信任别人的人总是愤世嫉俗,对生活持消极看法。每个人都是"来害他的"。事情都有双重含义,简单的善意行为会被误读:"你把这个给我作为礼物,但有什么背后的原因呢?"或者,"你说你想要护理我,但我知道实际上你是为了我的钱"。极端情况下,偏执狂会觉得他的食品和药物里都被下了毒,政府的人在跟踪他,电视里的角色在监视他,而在严重情况下,他会幻听到指示他的声音,这种指示通常都不是好事。

你该怎么处理这个情况?别针锋相对,那只会增加他的疑心,你也会被他认作是伤害他的那个系统的一部分。相反,你要说一些能显示你在保护他的话,这会缓解他的脆弱。保持冷静,向他们提供保证。比如:"我理解你的感受""我们会看看能对此做些什么""我会在你喝汤之前先尝一下""我会保证那个事情永远不会再次发生"。这些话都会有帮助。人的性格不会改变,但行为将会得到控制。在公然的偏执狂想症威胁到患者或其他人安全的时候,需要马上由专业人士介入,比如由精神病学家或社区精神健康危机团队,可能还需要警察护送患者到医院急诊室去,必要的时候可以是强制性的。偏执狂往往可以由药物得到控制。住院可能是必要的。

如果疑心病是一辈子的性格特点,无疑现在你已经领教了。但是,如果偏执症状是最近才开始的,它就要求医学评估和介入。在老年患者中,突发的偏执症状可能有着潜在的医疗原因,比如没有发现的感染。要明白那不是你的错,可以找到帮助。

厌 恶

别把这个作为一项精神病学上的诊断。我们所有人都认识过讨厌的人并经历过他们的恶毒。我们的常规反应是跑开。但是，如果这发生在一位亲人身上，你没法逃之夭夭。那怎么办呢？就当他们有口无心，完全不要放在心上。正在冲着你破口大骂的人实际上是憎恶他自己。例子可能包括如下这些："看看你，你太丑了。有谁会想要你？"或者，"看看你的体型，你就像一个充气的鲸鱼"；还有，"当有失败者问世的时候，你就是排在第一个"。要知道这些人基本是想把他们对自己的巨大失望投射到你身上，这和你毫无关系。

设定一个你在这种特质的人身上所花时间的限度，这样你就不会被他们的负能量所毒害。另一种策略是和其他人一起去探望这个人，这样你就不会是被泼污水的唯一目标。在极端情况下，你可以选择不去探望。虐待就是虐待。另一种解药是雇其他人轮班去做护理。你作为先行者，能向那些受雇的护理者提供情感上的支持。找到平衡点，花一些时间去做开心的事情让你自己恢复活力。

渴望掌声的老年人

莎士比亚的李尔王的故事描绘了一个老年的父辈，当他无力再掌权时，他的自负陡然丧失。莎士比亚从一开始就为这个悲剧定下了基调：国王向他的女儿们提出要求，当他放弃权杖的时候，她们要明确表示对他的崇拜。这种抗拒老去的举止发生在那些正在经历老去、将其视为自我价值日渐丧失的人身上，除非他们能继续因为他们的为人、拥有的一切以及丰功伟绩而被推崇备至。他在喂养着一个江河日下、贪得无厌的自我。当这种人意识到他们不再能完成他们所启动的工程、修复需要修理的设施，或者，对男性来说，不再能像他从前那样雄风大振，这种内在的挫败感导致了一种羞耻感。对他们来说，变老是可悲的。掌声已经远去；听众已经稀疏或者消失。这和抑郁不同，它是一种不同的悲哀。"修复"就是带回掌声、关注并恢复他无缘无故被"夺走"的东西。

玛丽莲：画家转变而来的艺术评论家

玛丽莲曾是一位有点名气的画家，在小型画廊里举办过展览，并在一些街头集市上成功售出过作品。现在，她不能再做这个了，她的手指关节炎让她虚弱得连画笔都握不住。她是一位慈爱的母亲，她的四个孩子护理着她，敏锐地感觉到她需要鼓励和赞赏。他们想了一个点子。她的一个儿子对其他子女说：

"你们知道吗？因为工作性质的原因，我可以完全掌控自己的工作时间。如果我们不做点什么的话，妈妈就会一落千丈。为什么不试试这个呢？她对艺术懂得那么多，很少有人能敌得过她。为什么我不联系一下本地报纸？他们有一个艺术专栏，并且刚宣布他们的作者要离开了。我可以把妈妈带到画廊里去，她可以进行口头评论，我用我的笔记本电脑上把她的评论打出来。我确信有一些，哪怕不是全部，是可以得到发表的，这样她就又被人关注了。值得试试吧？"

其他子女们同意了，他们开始这项进程。现在大家都能看到她的名字。她获得了赞誉和来电："我喜欢你的专栏。你对早期印象主义的描绘棒极了。你的渊博知识把我镇住了，并且，你听起来那么年轻。"她对此的回应是："嗯，我还年轻。只要你投入生活，你永远不会变老。"

所以，对于需要掌声的人，就给他们掌声。需要掌声的人并不是因为他们刻薄、恶毒或贪婪：他们有着渴望，想要让自己的身份和业绩被看到和认可。对这种渴望并不总是可以得到满足，但只要有可能，满足它们会让所有人的生活都更加舒心。

老是抱怨的人

老是抱怨的人不是悲观,而是过于乐观,所以满眼都是缺陷。他们是挑剔的观察家,对任何事情都一览无余,还很乐意和人分享,尽管你的感觉恰恰相反。

爱丽丝:满眼尽是缺陷

爱丽丝和她的儿媳妇一起外出就餐,她们去的是一家非常有名的餐厅,得到很多人的高度推荐,餐费由媳妇支付。食物刚刚送上来,爱丽丝尝了尝,眼光上移,猛地把头从餐盘上抬起,用食指朝侍者勾了一下,示意他过来:"这是冰凉的。一定已经放了很长时间。还有,它一点味道都没有。今晚你们没有好一点的厨师上班吗?"侍者略微弯下腰,没有一点不耐烦地回答说:"很抱歉,夫人。我可以给你来一点别的,或者把它再加热一下,随你喜欢。""我两样都不喜欢,"她说着,挥手让他走了。

她的媳妇是怎么应付的呢?她对这种行为习以为常,接受了现实——不要和其他任何人去分析、纠正或解释,那都毫无意义。她要做的就是开心享用自己的食物,欣赏周围环境,最重要的是,不把这当回事。如果她愿意的话,也可以选择不经常和爱丽丝一起就餐。

对有些人来说,和爱抱怨的人待在一起哪怕片刻时间都受不了。

斯坦利:总是哭喊"狼来了"

伊恩正在一个退休社区探望他父亲斯坦利。他亲了亲父亲,一边说着"嘿,我不会待很久",拉过父亲身边椅子坐下来。斯坦利说:"我没法吃饭。我的牙床出了问题。"伊恩熟知他接下来会说什么,就回答道:"爸爸,这里有个牙医。我可以安排一个预约。"

"牙医?我不知道他是念的什么学校。不过他不是个好牙医。"

"你想去看你以前的私人牙医吗,爸爸?"

"他也好不了多少。"接着,他靠近儿子,似乎在分享一个秘密:"你不懂。没有人,根本没有人关心老年人。"伊恩保持了沉默,然后试图说些积极的话来转移话题:"孩子们和我昨天晚上去看了这部电影……"

他提出的每一个选项都无功而返,斯坦利暗示他们被贬低和侮辱了。伊恩无法忍受这个,感觉倒退回了孩提时代,他急匆匆告诉父亲自己必须回去上班了,如果他需要任何东西,就打电话。他真的希望父亲别打电话,就离开了——一个月以后才回来,准备迎接预计中的又一个诉苦时段。爱抱怨的人一旦诉苦了太多次,就可能会变成那个哭喊着"狼来了"的男孩,或相反的,可能真的出问题了。你需要加以辨别并采取相应的行动。

变 色 龙

对于善变的人,你永远不知道自己处于何地。前一刻,你还是个完人,下一刻,你就一无是处。

朱厄妮塔:无法预料的风暴

"她是个变色龙,"她的外甥女佩内洛普说道,"我讨厌把她想成是那种动物——随着它的感觉而改变颜色,如果蜥蜴有感觉的话——但我的姨妈朱厄妮塔绝对是两者兼备。"佩内洛普笑了起来。

上一刻她是一种风格,下一刻,她就变成完全不同的人了。没有预兆,就是"呼"地一下冲下来,然后又过去了——直到下一次,而你永远不知道那会是什么时候。这让我回想起我丈夫和我在一个风情奇异的外国，我们的导游正跟我们讲解关于一个宏伟的雕像的故事。那天没有云，我们头上遮着白纱，天空碧蓝，空气感觉就像你刚刚跨进温暖的澡盆，忽然，没有任何预兆，我就被大雨淋了个透。唉，那就是我的姨妈。

她是我妈妈的妹妹，我的父母都在一次飞机失事中去世了，所以你会觉得我和她会很亲近，但事实并非如此。上一刻还是："你是多么好的一个外甥女。我有你真是太幸运了。我自己没有孩子，虽然你叔叔和我尝试了，有了你就弥补了这个。"到了下一分钟，就反过来了"我是显得多么不在乎她啊——永远不来看她——她有这样那样的痛苦，我却毫无兴趣"。就这样一再发生。她的丈夫非常安静，现在我理解是什么原因了。他不知道什么时候会有风暴来临，所以就坐着等。不能怪他，可怜的人。

为了和变色龙一样的人打交道，如果这位外甥女有这个心力和能量，她可以尝试做一名安抚性的护理员。因为那位姨妈小时候并没有得到足够的母爱，所以她没有可以自我安慰的源泉，尤其是在晚年面临更多压力时。当变色龙一样的人们面临他们内心的被遗弃的恐惧感时，就会被孤独感所压倒。他们意识不到自己疏远了其他人，就把一切积极的东西都推开，以为这样他们就不会感到失望或被遗弃。

护理者需要提供"足够好的支持环境"，在这个例子当中，这是姨妈从来没有拥有过的。要做到这个，她必须有足够良好的自我感觉，以便容忍情绪方面的强烈波动，比如当那位姨妈从"你棒极了"的理想化摇摆到"你是个自私、不会照顾人的外甥女"的时候。向这些人指出他们的矛盾行为于事无补。他们要么会给自己找理由，要么会生气或有戒备心，并否认这些的真实性。悲哀的是，他们需要自己能掌控一切的感觉。

如果你的父母或亲戚具有任何这些品格，而你的内心并不是那么脆弱，你就能应付得过来，这也会让你受益。当我们接纳另一个人的时候，不管这有多么困难，都会强化我们自己内在的核心。这就是回报。

小气鬼

小气鬼在任何时候都害怕他们会穷困潦倒。到那个时候，他们就会去喝西北风，没人会照顾他们，没有人在乎他们。他们几乎从不或很少跟别人打交道，不信任别人，并深深地觉得他们只有自己可以依靠。他们既贫乏又富足。如果我们剥开他们童年的外壳，会看到家里没有可以被视为"上帝"的父母。他们感觉没有受到保护并愤世嫉俗，强烈认为没有人可以依赖。一个自我实现的预言变成了现实。他们自私而不愿付出，紧紧裹着自己的盔甲，以那种方式生存和毁灭，没有亲密的朋友和家庭。

这种人并不打算改变。如果你是一位家人，而他需要护理，你的奉献标志着你的同情心和慷慨，有助于改变你的人生态度。

亨利：吝啬而可怜

亨利是一位离过两次婚的男人，82岁，年老体衰。他的两位妻子都和他离了婚。第二位妻子告诉他的家人："他可怜又小气。他会让我花几个小时找百货折扣，只为了省几分钱。而实际上，他有很多钱。当然，我从来不知道确切数目。他只给我一点点钱，好像我是要钱去糖果店的5岁小孩。所以我离开了。"他和第一位妻子有个女儿，叫梅丽莎，她从来没有和他密切接触过，在18岁那年，当母亲和他离婚的时候，她就离开了家。梅丽莎目睹了家里发生的争吵以及她妈妈被拒绝给予任何经济上的帮助。亨利也不在自己身上花钱。离婚之后，他拒绝抚养梅丽莎。梅丽莎靠夜晚到餐馆打工念完大学。每次她和自己父亲说话的时候，他都要提醒她:"钱不是树上长出来的。"

亨利因为严重的充血性心力衰竭而住院,当他快要出院时,梅丽莎接到了电话。医院社工告诉她,他太虚弱了,无法独自生活。社工无法确定一个合适的方案,因为亨利说自己没钱。如果他没钱的话,就需要提供文件申请医疗补助。于是,社工向梅丽莎寻求帮助。

梅丽莎出于责任感,而不是爱,自己承担下来。他的父亲疑心重重,但感觉到自己很虚弱,只好不情愿地同意她到他的房子里去找相关文件。虽然他住在一个需要维修的中档房子里,看不出有什么财产,梅丽莎却找到了他卷起来藏在袜子里的存折和经纪人报表。他并不穷,实际上,他有大量资产。她百感交集,那是一种混杂着对他的愤怒和可怜,以及对自己毫无必要地忍受着贫困的怜悯。当她再次去探望他的时候,她的情绪爆发了,同时她也知道她的怨愤不会有任何结果。她是对的。他听着,却解释说:"你永远不知道可能会发生什么事情;你必须照顾好自己,这就是我所做的。"

亨利回家了。他的钱要用于他的护理工作。由于他有大量资产,就没有资格申请标准严格的医疗补助。为了给亨利找到上门护理服务,梅丽莎需要使用他的资金。在亨利的内心,他并不想放弃控制权,但是,他太虚弱了,无法去银行和经纪人办公室处理自己的财务。而梅丽莎也不能未经合法授权就代表他采取行动,她需要一份持久代理权获得授权,但亨利并没有同意。最终,在梅丽莎费尽口舌和精力之后,亨利才同意给她进入单个银行账户的有限授权。虽然这远不及理想,但这样的安排让她得以把事情维持下去。正如你所预料的那样,还有更多障碍需要排除,但她准备得更充分了。

小气鬼是他们最糟糕的敌人,他们心理贫乏,有错误的自我感觉,终其一生隐藏着自己的真面目。例如,有一位89岁的老妇,净资产数百万美元，却要求给她提供"便宜的"上门送餐服务。她不喜欢这些食物，不断为这些食品的糟糕质量和种类稀少而发怒。跟她指出她可以付得起任何她想要的东西毫无意义，她容不得自己的小气形象受到挑战。并且，和亨利一样，她不让自己获得会提高生活质量的设施和服务，无法享受她勤奋工作节省下来的钱财。

酗酒者

晚年酗酒现象正在增多，尤其是在退休以后，特别对男性而言。这是因为失去了职场认同对他们的自尊和生活结构构成了沉重的打击。当有人问起来："你是做什么工作的？"这个退休身份会让他们感到尴尬和有所欠缺。有些人便向酒精寻求慰藉。

威尔伯：双重失落

72岁的威尔伯曾是一名工程师，为一家汽车公司工作，以能力强著称。65岁退休对他而言非常具有诱惑力，因为他的合同承诺终身福利。退休后不久，他的妻子玛姬罹患晚期乳腺癌。她的病情打垮了她，他成了护理者。虽然每个人都尽了最大努力，可是玛姬还是不到一年就去世了。朋友和家人们试图安慰威尔伯，可是他沉浸在酒精的世界。过去，他只在社交场合喝酒，偶尔喝一两杯鸡尾酒，就餐时最多喝一杯葡萄酒。酒精的效果是让他麻木、安静，帮助他入睡并忘记他所经历的深深失落。尽管他感觉舒服，其他人则担心起来。他变得邋里邋遢，爱说谎，否认他已经不再是家人和邻居们所知道的那个人。当他们试图建议他接受治疗时，他还会咒骂他们并独自走开。有一天，在过马路的时候，他被一辆小汽车撞倒，被送进了医院。虽然他的伤势不严重，医生还是决定让他留院观察。在病房里，他接触不到酒瓶，那里也不准他喝酒，他开始产生脱瘾症状。幸好这被医院员工发现了,马上采取了治疗措施。家人和邻居们此前不清楚他的酒瘾有多么让他欲罢不能,现在大家都支持他接受长期治疗。他最终接受了这个事实,即他必须在余生远离酒精。

失落会让一个人产生极大的痛苦,当出现多重失落时,损害还会叠加。威尔伯放弃了他的工作以及他认为工作带来的身份认同,玛姬的去世进一步剥夺了他的自我。如今他成了鳏夫,失去了作为护理者的角色。酒精就是他所能依赖的一切,他也这么做了。明白了这一点并有了深刻反思之后,现在的他能够开始重建自己的生活了。

愤 怒 者

当愤怒变成一种生活方式,就失去了它的基本功能,它原本是为了敦促你采取行动。和所有情绪一样,在正常状态下,愤怒是一种暗示机制。但是,对普莉希拉来说并非如此。

普莉希拉:对一切都感到愤怒

79岁的普莉希拉在任何时候对一切人和事情都会感到愤怒。没有一件事情是对的,没有一个人有任何优点,世界就是一个丛林,只有她知道如何生存。她健康且独立,尽管没有什么亲密的朋友,也没有人想听她的刻薄言语,但她总是能很好地生活。她知道如何去"迷住"一些人,比如她的大楼管理员,来获得自己想要的结果。对于外部世界来说,她看起来似乎总能应付自如,直到有一天,她那惊人的独立性被剥夺了。由于脑卒中(中风),她变得糊涂,并意外摔倒了。一位清洁女工发现了她,她已经在那里躺了一整夜,就打电话叫来了医护人员。

她被收治进入本地医院后,更加为自己的无能而感到怒气冲冲。虽然医院员工想要帮助她，但她以自己的暴怒行为让所有人都敬而远之。"滚开，别碰我，我没事。我不需要任何人的任何东西。你不懂你在做什么，我了解自己的身体。"虽然她有资格获得很好的护理，却所得甚少，这还是在工作人员做出很大努力的情况下。她对工作人员们的语言暴力和不合作行为导致她出现了原本可以预防的并发症。

普莉希拉从未结过婚，也没有孩子，但却有一个忠心耿耿的妹妹为她殚精竭虑。妹妹和她通过电话联系，因为姐姐经常无法预测地暴怒，她并不经常前来探望。由于不清楚普莉希拉的认知能力已经衰退，到医院探望对她妹妹来说就像是"休克疗法"。探望时间减少到了最低。尽管难以面对姐姐目前的状况，她还是成了姐姐实际上的主要护理人，安排并监督普莉希拉的长期护理。在有些情况下，原本迟疑的亲人会改变他们的行为，克服重重困难变成关心的护理者。

囤积者

囤积者会储藏东西，任何东西都不会扔掉。他们认为所有东西在某一天都会用到——谁知道什么时候呢。杂物日积月累，直到有一天，简直没有走路的空间。昆虫和蟑螂都得为生存空间展开竞争。囤积者对此视而不见、感觉不到、充耳不闻。任何来自他人的批评都被屏蔽了。邻居们为了赶走他而团结一致，还给警察和消防部门打了电话，但一切都无济于事。囤积伴随着自我忽视。虽然他们可能在囤积东西，冰箱却可能空空如也或存放着过期和发霉的食物。任何东西都成了可以存放某样物品的地方。他们经常用澡盆当储物箱，自己却坚持不洗澡。家人遥不可及、接触不到并日渐疏远，没有人知道在发生紧急情况的时候该给谁打电话。

虽然他们古里古怪又深居简出，却并不一定丧失能力，他们以某种方式设法生存下来，并持续这样的生存模式。社会服务机构和政府机构也对他们没有办法，他们顽固地囤积一切，听不进任何人的劝说。当他们违心地进入医疗护理体系时，出院计划成了终极噩梦。能做什么呢？他们不让任何人清理他们的家，也不想离开那里。同意他们回去意味着"不安全的出院"。法庭可能也会对此无能为力，因为他们在法律意义上经常被判定为"有行为能力"。

这是家人和护理者们不得不游走在灰色地带的最佳例子。虽然这些个体并未达到"没有行为能力"的法律标准，但他们并没有以合理的方式发挥功能。甚至当他们似乎对自己和他人构成危险时，可能都没有法律追索权。

配偶妨碍者

父亲生病了，需要护理。每个人都明白，你得知后想要帮忙，但母亲却说："非常感谢。他没事，我都能应付。"这是发生在珍妮和哈罗德身上的例子。

珍妮：我自己能应付

珍妮和哈罗德结婚40年了。40周年纪念日刚过，哈罗德就被诊断出了失智症。珍妮当即决定：只有她才知道该为他做些什么以及如何护理他。两个深爱着他们的女儿想要帮忙，她们想让父亲得到最好的护理，愿意尽心尽力以任何可能的方式来帮忙。珍妮一再拒绝她们的好意，坚持说："我能自己应付。他不需要上门护理、白天护理或者辅助生活——他有我呢。"

哈罗德还有一些其他的严重健康问题，包括糖尿病和溃疡性结肠炎。当这些疾病出现了让人担心的症状时，珍妮拒绝带他去看医生或让女儿们这么做，声称"这只不过是他的失智变严重了"。当一位女儿不顾珍妮的反对把出现脱水症状的父亲送去急诊室时,珍妮抗议说:"医生只会想方设法开个巨额账单——这只是他的失智罢了。"

珍妮作为配偶,也是哈罗德的指定授权人和医疗护理委托人——是他的"一切"。她仔细地维护着自己的权威并拒绝分享,这让女儿们在一旁感觉很无助。在紧急情况下,她们一起送哈罗德去医院或急诊室,女儿们要求母亲让哈罗德获得必要的治疗。有时候她们如愿了,但一旦眼前的紧急情况过去了,珍妮就会恢复她独断而妨碍性的立场。因为珍妮绝不是缺乏能力,所以女儿们也做不了什么,只能不断面对每一次的危机。

可能会有一位家人一直是个摇头派。你应该怎么做呢?每次前进一小步,要明白任何时候只要你能做到,那就是进步。百密一疏就是机会。

综 述

老去的过程并不总是体面的。有些人可以步人后尘,有些人则要独辟蹊径。性格特性无论好坏都是很难改变的,同时性格也决定着人们的行为。有些人长期以来都不好对付,即使他们是你的父母,他们也可能存在这样那样的问题。如果你觉得这会随着年老而消散,放弃这种念头吧。过去什么样,现在和将来亦然。过激和不当的行为影响着被护理者、护理者以及他们周围所有人。如果被护理者很难对付,所有人都会避之不及,护理就会降到最低水平。这些行为给夹在中间的你添加了额外一层压力,并会引起尴尬、羞耻、内疚、失望、悲痛和愤怒等情绪。

尽你所能打好你手里有的牌,即便你已经有了 A,但你不能否认大小王的存在。你的父母或亲人,不管 70 岁、80 岁,还是 90 岁,他们的性格已经无法改变。不管你是否同意,某些习惯和想法根深蒂固,毕竟他们已经如此生活了这么久了。底线是去了解他们是什么样的人，顺其自然和他们共事。同样重要的一点，并且绝不能忽略的是，你要了解自己是什么样的人，接受你自己的强项和弱点，这样你才能生存下去。坚持住。

有些人的性格或许会比其他人好对付一点，要明白这一点，对那些于你而言不可能应付的性格，就找另外的方案。例如，找其他人来帮忙，可以是家人或雇来的护理者，可以在家里或其他环境中。尊重你的弱点，为你自己建立强有力的边界。如果你快要顶不住了，要寻求顾问或加入支持性团体。去了解、观察、学习和采取行动，这些都至关重要。还要记住，所有这些都是你在为自己的老年树立一个榜样。

第十章 日常生活中的情绪

> 生活就是一系列的情绪,好像一串珠子。
>
> ——拉尔夫·瓦尔多·爱默生

大多数人认为他们了解情绪是什么。我们把情绪想成特殊种类的感觉,用诸如"快乐""悲伤""生气"和"惊讶"这样的词汇给它们贴上标签。我们把它们活成了我们日常生活的一部分,用直接或微妙的方式在我们和朋友、父母、爱人、同事和子女的关系中表达。他们也会向我们流露出情绪。

情　绪

情绪是人类与生俱来的。虽然我们可能会猜测动物的感情生活,例如,宠物在它们的主人或豢养者去世的时候似乎很伤心或沮丧,但这仅仅是我们的猜测。它们对各种"感觉"的程度如何,我们并不知道。但我们的确了解自己,我们有各种各样的情绪,这是不容置疑的,我们每个人的情绪强烈程度都不同，这也是众所周知的。

如果你感情强烈，就会把生气表现为愤怒或暴怒。相反，如果你的情绪平和，你生气的形式或许只表现为不快或恼火。我们所有人都带着感情出生，但我们如何使用它们就取决于我们所面临的情况。如果有人去世了，我们会哭泣。如果有人攻击了我们，我们会感到害怕并躲开。如果有人爱我们，我们会有亲近、安全、可靠的感觉。所有情绪的共同之处是它们存在的原因：个体的存活和物种的生存。即使当情绪被称为是负面的时候，比如生气和害怕，它们也会暗示我们采取行动并让我们得以生存。当有些事情可能有危险的时候，感觉不到害怕会让你容易受伤。另一方面，当有人向你表示爱意时，你的心里会感觉被温柔所搅动，这是积极的人类反应。

情绪的种类很宽泛。有如下这些：生气、焦虑、害怕、内疚、羞耻、伤心、羡慕、嫉妒、开心、骄傲、宽慰、希望、爱、感激和同情等。以下是照料年迈父母或亲人时经常有的一些情绪。

生　　气

萨曼莎坐在那儿哭泣。她一次又一次地擦拭自己的眼睛，哭泣中夹杂着轻轻的叹息。她几乎说不出话来，嘀咕道："我不知道自己怎么了，我不是那样的人。我甚至没法说起它，它实在太糟糕了。我怎么能做出这样一件事？谁会相信呢？我宁愿去死，那还更容易些。我不知道上帝会不会原谅我。我已经向耶稣和玛利亚做了祷告，但我会得到原谅吗？我不知道。"当她平静下来后，接着说：

"我去妈妈家里探望。她被一位家庭健康助理照料得很好。虽然我在办公室刚度过了艰难的一天，我还是决定在回家之前临时去探望她。约翰会准备晚饭并让孩子们上床睡觉，所以我有一点时间。他是个好男人，你知道的。我们开始聊天，和往常一样:她过得怎么样,有什么访客吗,她午餐吃了什么。以前都已经说过很多次了。我只是例行公事。

"然后开始了:她问我是在哪里买的衬衣。我告诉了她。她点了点头。2分钟以后,她又问了我一次,这次是用了一种更让人生气的语调。我又告诉了她。又过了一分钟,她再次重复了同样的问题。我简直没法和她好好谈一次话。忽然,我发狂了。我把椅子挪近她的轮椅,我打了她一巴掌。感谢上帝,她没有受伤。"

她的哭泣加剧了:"就像我身体里有一个魔鬼。我失去了人性——那根本不像我。我怎么能够得到原谅?说我感到内疚简直是世纪级的轻描淡写。我现在把它告诉你,但我永远不会告诉其他任何人。"

萨曼莎不是存心要"失控",但却对她母亲有了暴力行为。虽然这没有造成明显的伤痕,也没有人看到她那么做,但施虐是事实。施虐的行为永远都不应该发生,也不应该得到宽恕。对萨曼莎来说,幸运的是这件事发生在对虐待老年人的事件必须强制性进行报告的规定之前。现在,虐待老年人是一项有法律后果的犯罪行为。

专业人士会怎么做?就像很多此类事例中那样,专业人士会采取双管齐下的办法:一是向和他们共事的人告知有关后果的正确信息,并按照要求进行报告。其二,从更长远来看,是帮助人们在内心有所改变,以防止将来发生此类事件。

和侵害相连的生气

萨曼莎首先感到的是生气,这一般都会和侵害相连。虽然侵害被认为是最古老的一种冲动,生气的直接目的并不是让我们逃离受威胁的情况,而是把它们摧毁或赶走。不管对年轻人还是老年人来说,这都是一种自动的反应,只有细枝末节上的差异,来自他人的任何反抗都会把愤怒自动带出来。生气是一种自动的本能反应,就像打喷嚏或咳嗽。虽然,对我们每个人来说,反应的强度不同,但目的都一样——生存。尽管如此,正如我们在萨曼莎的例子中所看到的,表达方式可能是有虐待性的、危险的、破坏性的,甚至是致命的。与此同时,萨曼莎和她母亲之间的冲突让我们也心痛不已。

对待生气

在过去,生气最常通过惩罚来处理。但是,人们很快就认识到这有着不良效果,它并不奏效。另一种方式是把人隔开,但还有一种是奖励"良好"行为。萨曼莎在气头平息下来之前能怎么处理呢?你在类似情况下能做些什么呢?通过表达情绪来建设性地使用它们,这对你也是一种发泄:"我感到如此受挫和生气。我都快疯了。"当萨曼莎内心不再受到怒火的啃噬,这时候她就能控制自己。情绪性的自我意识是所有人类都具有的一个强有力工具,适用于这种情况以及千千万万种其他情形中。如果萨曼莎使用了这一招,她也可以补充一句:"妈妈,我真的很心烦。我看来没法打动你。你都没在听我说话。"这个效果将会让她的体验获得认可,并在控制范围之内表达出来。

共情和同情

萨曼莎可以得到巨大飞跃,进入共情。共情就像是把自己变成别人。它和同情一样,后者是你可以"和别人并肩而坐并替他们感受",而这里你则是"和他们一起感受",你和他们成了一体。他们的体验就是你的体验。你是否真正已经有过那种体验并不重要。例如,有人——某个朋友、同伴或同事——告诉你关于他的从军经历,你从来没有过这类经历。但是,你能够老实地说出你有过类似的经验:恐惧、焦虑、痛苦等,你也可以诚实地说没有,因为你并没有像他们那样身处战地,但你的确在其他情况下有过类似感受。这就是共情。萨曼莎本可以这么说：

妈妈，当你一而再、再而三地问同一个问题，不知道怎么迈过这一关，也不能理解我想要说什么，我知道并感受到这对你有多么艰难。当你想着一些词语、想要抓住它们却没法得到——并且内心深处知道你从前不是这个样子的——这也一定让你非常沮丧。这多么让人恼火啊。它会让任何人都感觉很糟糕。我也体会到你的感觉，想尽我所能来帮你。你要知道，我是真心实意这么说的。

在这里，萨曼莎就在分享她对共情的理解，并奉献了配合、关心和爱。如果遵循以上这个做法，萨曼莎就实现了三个重要改变：她改变了注意力的焦点，让它离开内在的暴力；她重新阐释了自己所处的这个情况；她的反应也得到改进，这可以延伸到类似情况。

就跟所有情绪一样，生气并不一定是单一的。它可能结合各种感觉而来，有些感觉压过其他的，有的旗鼓相当，并不是很容易分辨。虽然柯妮丽娅利用丈夫伍迪的住院治疗作为平台来表达她被压抑的愤怒情绪，然而伍迪一生都在这样做。

柯妮丽娅：生气的妻子

伍迪22岁那年入伍参加第二次世界大战。他来自美国西部的一个小城市，他健康、伟岸而又强壮，计划和他的青梅竹马柯妮丽娅结婚。战争改变了一切。他遇到了最糟糕的情况，他被困在太平洋的雨林中，患了疟疾，浑身被泥浆和黏糊糊的东西包裹，作为一名机枪手，要对视线内任何活动的东西开枪。他说："我并不问话。那不是愤怒——那是生存。它动了，我就开枪，不管是什么。我得活着。"他活下来了。

回家后，他恢复了正常生活，经营一个小生意，柯妮丽娅有时候会帮他的忙。但婚姻经常成了一场骂仗。他是个急性子，"没办法和他待在一起太久，我只想着逃离，但还是硬撑下来"。

在76岁的时候，伍迪得了中风，被送进退伍军人管理局医院接受治疗。现在他可以出院了。柯妮丽娅接到了电话："我们有个好消息给你。伍迪可以回家了。"经过长时间的沉默，最终传来一个声音："他可以出院——但别来我这。他不能回到这个家里来。我已经受够了他的虐待。现在轮到你们了。"电话挂断了。听说这个以后，伍迪发怒了，用只有服过兵役的人才听得懂的词语咒骂着。他暴跳如雷，但没什么人听他说。

他们的女儿多琳被夹在战火中。她现在40多岁，年纪很轻时她就离家去外地上大学，并结了婚。她向自己母亲恳求说：妈妈，我知道这些年来和爸爸一起生活有多么艰难。我明白，他的脾气总是一触即发。他对你说的话是大多数女人都不会容忍的。我能感觉到如果你用自己的感受来回应的话，只会让事情更糟糕。所以，你必须把事情藏在心里才能活下去。我看着都害怕，感到很无助。我爱你们两个。但是，我痛恨他对你的态度。我深陷其中，迫不及待要离开家。感谢上帝，那所外地的大学录取了我。接着我遇到了我丈夫，他和爸爸完全相反，我们的婚姻美妙极了。妈妈，请听我把话说完。爸爸现在是个老年人了，我忍不住要同情他。毕竟，他是我的父亲。事实是，他在战争中遭受了苦难。现在他没有地方可以去。你能在心里原谅他并让他回来吗？

恳求是徒劳的。

在不久后探望她父亲的时候，多琳涕泪涟涟："爸爸，我不知道该怎么做。你可以来和我一起住，女孩们可以共用一个卧室。"伍迪拒绝了："不用了，宝贝。我只会碍事。我可以去退伍军人养老院，他们会护理我的。"他一边哭一边拥抱她说："我在那儿会没事的。那是个不错的地方，你和孙女们可以来探望我。真的，没事。别担心。"伍迪执行了他的计划。

柯妮丽娅偶尔通过多琳给他购买的私人电话和他通话,但她说,看到他"实在是太沉重了——太多充满了往日怒气的情绪,她不想再去翻出来"。

把责备当作生气

所以,怒气会潜伏下来,如鲠在喉,层层包裹,当合适的时机到来——就如柯妮丽娅所经历的那样——就会流露出来,并有所行动。可以称它为两个人之间觉醒了的冲突,你感觉自己在那里以某种方式被冒犯过。它就在那里,我们作为人类,有着很长的冲突历史。生气和可能的侵害产生了报复的冲动,但并不是所有人都会去做。答案是什么呢?要明白这个并采取另一种途径。如我们所看到的,人总是可能改变的。

生气并不一定是由来已久的。它可能——也经常会——随着疾病和失能而突如其来。它经常会带来责备,有时候会把矛头指向另一个人,有时候则指向自己。"如果我在下雨的时候别走出去并滑倒,我就不会像现在这样。""如果我们没去那家你这么迷恋的糟糕餐馆吃饭,我就不会得寄生虫病,现在就不会受罪。"它也可以是其他的表现形式,比如,当一个人住在医院或者养老院,挑剔食物、房间、暖气太热或不热、工作人员,对那里的一切不满。在有些情况下,怒气发泄在护理者身上,后者也变得对被护理人感到生气,因为尽管他们已经奉献了"一切",还是被百般指责,使他们感到不被领情、无助、被利用和抛弃了。

侵　　害

侵害虽然和生气类似,但不尽相同。生气是几乎每个人都曾经体会过的情绪。虽然生气的时候会产生攻击的冲动,但我们一般并不会付诸行动。我们预计到这种行为可能会遭到反击,因此会控制住自己。侵害则不同,它的目的就是为了伤害他人。司法系统也意识到这种意图,认为相较于故意的主动伤害或致人死亡,意外伤害或死亡在犯罪程度上要轻一些。变得生气是侵害模式的早期阶段,表明已经产生了侵害的冲动,有时候可能会导致暴力行为。

内　疚

萨曼莎打了自己的母亲,违反了道德准则,结果就是她感到很内疚。从幼儿阶段起,婴儿和儿童就需要、渴望获得关爱,对失去关爱的恐惧如阴云笼罩着我们,让我们坠入自我惩罚,这就是内疚。内疚、救赎和原谅之间的直接联系包括通过某种形式的后悔而原谅自己。当有意识地进行这种关联时,你可能获得安宁。如果没有,则会一直感到内疚,就像一次病毒感染。

对许多护理者来说,内疚可能来自感觉自己"做得还不够"。但是,你也只是个凡人,需要设立个限度。有时候,对一种情况需要做出看似冷血的决定。实际上,它可能是唯一合理的解脱之道。一位80多岁的女性,身患多种残疾,却拒绝任何一种帮助。只有当她女儿没有接到她的求救电话,而女儿给她一再打电话也没有回复时,女儿才去看她。女儿自己有钥匙,进门发现母亲躺在地板上——她在夜里摔倒,已经在那里躺了两天,没有吃东西、脱水、大小便失禁,疼痛不堪。这时候女儿才强迫对她进行安置,即便她的母亲一再情绪激动地提醒她说:"别抛弃我,我宁愿去死。"这位女儿在护理这件事上感到了"内疚"。

有些情绪就和生气一样无法通过语言来沟通,内疚就是其中之一。虽然我们会觉得自己看出了一个人的情绪,比如说内疚,但可能并非如此。你可能觉得脸红是内疚的迹象,但它同样可能是害羞的表现、某种皮肤紊乱症状或是在掩饰羞耻感。虽然内疚并不一定带来更灵活的运作方式，让你得以改进，但它能使你对自己打破了什么道德准则以及想怎么做进行重新考虑。你可以把内疚转移到其他一些更积极的情绪上去，从而实现一次良好的转换。因为内疚来自你感觉自己对违反了你的内在标准负有责任——那是你所信仰并凭借其安身立命的标准。就如所有情绪一样，它们是为了被我们激发而存在，并且是我们行为的组织者。实际上，它们是信使，有时猛烈，有时温和，但毕竟是信使。不过，就和对待所有信使一样，我们要去打开门，倾听并遵从它们的建议。这位发现了自己年迈母亲倒在地板上的女儿并不是纠结于自己的内疚，而是把自己被激发起来的内疚转换为一种救助。她做了一件让自己的母亲继续活着的事情。所以，内疚可以是一个快速转变剂，不然你可能会永远陷入僵局。正如所有决定一样，选择权在你手里。这位女儿做出了唯一合理的决定。我们都有这个选择权。

羞　　耻

　　内疚产生于当你越过了自己的良心所设立的界限，羞耻则发生在我们为自己设置的理想目标未能实现时。它会淹没我们整个生命，体会到深切的痛苦——失败。当产生羞耻感时，潜在的害怕是出于对嘲笑、蔑视、批评或抛弃的恐惧。这是一种强烈的痛苦，当我们经历着羞耻感时，我们所做的就是退缩，从而减少自我暴露。

马丁：经年累月的羞耻

　　马丁曾一直对他的父亲托马斯感到羞耻。托马斯是一个富翁，对自己的妻子、子女没什么感情。他是个花花公子，时间都花在情妇们身上。他把儿子当作一个

"打杂的"或"跑腿的"来使唤。他会下命令说:"去商店给我买这个东西。"买衣服的时候,他会在设计师那里为自己定制全套衣服,却把自己的儿子带去旧货店。虽然如此,马丁还是选择了律师这一行业。第一次求职面试之前,他请求父亲为自己买一件新的西服,然而,他又一次被父亲带去了旧货店。他说:"我看着感觉就像是一个破落户,裤子太长,袖子也一样。我看上去很廉价,感觉是粗制滥造出来的,这让我很尴尬和羞耻。其他每个人都穿着得体。在那里,我就像是个门外汉。而他那么有钱。但这对我有什么好处呢?"

当托马斯被安置到一家辅助生活机构里时,马丁很少去探望。当他去了,他的父亲就会得意于往事中,尤其是他那些美丽的情妇。他会用赤裸裸的色情语言说:"唉,你看,儿子,就是这么回事。我带这个宝贝进我的房间,我……女人想要的就是那个。你是个好孩子,不过太软弱——真汉子知道怎么对付女人。"接着他大笑起来。

马丁被凝聚在内心的羞耻和愤怒感所啃噬,但从未流露出来。作为一名律师,他学会了自我控制。他选择了和那些弱势群体打交道,因为他富有同情心而非常受人感激。对任何被利用的人所怀有的强烈愤怒感让他赢得了不少官司。他婚姻幸福,遇到了真正欣赏他并帮他抚平幼年创伤的人。他从来不想重复他父亲那样的老路,他成了一位慈爱的家长,为他的两个儿子的运动队做教练,还对三个女儿关心备至。

马丁尽可能少地去探望托马斯,只在转交一些东西时短暂停留一小会儿,就迫不及待想离开。当托马斯去世时,马丁接到了电话通知,他来了,还迟到了。托马斯曾要求火化,并把他的骨灰撒进离他住处不远的大海里。在追悼会上,其他人致了悼词。马丁忠实于自己的感情,他来迟了并保持着沉默。在被问到为什么迟到时,他说自己得出庭,并且"到这里来的交通很糟糕"。而在内心深处,他知道自己终于自由了,这还是第一次。虽然马丁的羞耻感旷日持久,所有了解他境遇的人都觉得他活得这么好真是不可思议。

羞耻可能是短暂的、临时性的或与疾病相关，但都是极具破坏性的。护理者尤其要意识到被他们护理的人给他们带来的尴尬或羞耻状态。例如，老人可能会脏话连篇。他们还要清楚父母现在也可能会对自己新近形成的、不请自来的身体形象感到羞耻：因为手术移除癌症组织而在脸上留下伤疤，因此不想照镜子；因为帕金森症或中风造成脸部变形，不想见访客；或是进行了截肢，害怕自己的孙辈看到断腿。虽然这些被改变的身体形象给身体的主人带来了羞耻，但并不能对此加以否认，要把它们作为一个痛苦的现实来对待，施以同情、共情、接纳和关爱。

焦 虑

约瑟夫说："我觉得自己生而焦虑。婴儿呱呱坠地并不仅仅是对来到世上的一次哭喊。对我而言，这是焦虑之声。"他把这一切都归咎于他的母亲特里萨。

焦虑的儿子

特里萨出生在波兰，活过了战争期间——或者，如她所说："如果你能把它称为活着的话。"她幸存下来，年轻时候来到了美国。她遇到了一个同样移民过来的俄罗斯男子，他们结婚生子，有了约瑟夫。用她的话说，约瑟夫是她的"漂亮男孩"。但是她把他打扮得更像是一个女孩。到学校去的时候他感觉很奇怪，但她一再宽慰他说，他不用和其他人看上去一样，因为他如此与众不同。

特里萨认为自己是一个溺爱孩子的母亲，没有意识到她把儿子视为自己的附属品。她不断威胁说，如果他不遵从她的每一个指令，就要离开他。他感到无能为力,只有照办。在他十来岁的时候,他的父亲弗拉基米尔就失踪了。约瑟夫和母亲相依为命,焦虑成了他的日常模式,其不确定性和对危险的恐惧随时会冒出来。

到了约瑟夫青少年阶段,特里萨和一个很有钱的男子怀亚特结了婚,约瑟夫觉得怀亚特是一个"非常和蔼可亲的男人",怀亚特也把约瑟夫视为己出。相应地,约瑟夫很依恋他,直到他去世。这时候,约瑟夫是个刚结婚的年轻人。他伤心欲绝,依赖着自己的新婚妻子雪莉,后者扶持并接纳他,替代了他所失去的父亲。相应地,他也依恋于她。虽然他从来不为钱发愁,但现在第一次体会到了花钱的快感。这是一个他从未了解的世界。

约瑟夫这样描述特里萨:"这让我晕头转向。这一刻,我的母亲就是一个慈祥的女王,而下一秒,没有任何警告,她就成了灰姑娘的后妈。我永远不知道会发生什么。"几年以后,特里萨罹患多种慢性病,被安置到一家豪华养老院里。约瑟夫说:"我不想这么说,但我终于自由了。毕竟,我的监狱里并没有逃生舱。"

虽然他这辈子大多数时间都忍受着痛苦,但他还是每天都去探望特里萨:这是他自己的选择。"她是我的母亲。她不得已变成了那个样子,这是战争和所有那一切造成的。我猜,在某种意义上,这一切都有个原因。"

所有情绪都有一个目的。有时候那很清楚。但人们经常不清楚的是:尽管有所谓的情绪的负面性,我们仍旧可以学习。焦虑就是这样一种。它被解释为一种失调,我们在其中察觉、聚焦、存储、恢复并回想起与焦虑相关的信息,可以通过不去恢复这些信息来切断其后果。这么做的话,我们就限制了反应,改变了一系列自动的反应,这样,危险来临的警告——即恢复步骤——被改变为一些带来希望的东西。换句话说,我们切断了传递,代之以某些更为有益的东西。这就是约瑟夫所做的。

悲伤和哀悼

悲伤不仅发生在有人去世时,也发生在失去其他一些东西的时候,比如退休、健康衰退、把一个挚爱者安置到辅助生活机构或养老院中。我们既为他人哀悼,也为我们自己悲鸣。

退休就会引起悲伤。退休者涉及多重损失——失去收入、失去角色、失去日常工作、失去地位,他们会感受到伤心、悲痛,有时候还有抑郁。另一方面,对一些退休者来说,则不是悲伤,而是有一种如释重负的感觉,是一个令人愉快的人生新阶段的入口。

然而,对一些人来说,健康和功能方面的衰退可能会包括变得无法行走、观看、聆听和思考。如果我们必须依赖他人来为哪怕是最简单或最私人的活动提供帮助,就可能会体会到独立和尊严的丧失以及悲伤。

把一位挚爱亲人安置到机构里接受长期护理是一个困难的、令人悲伤的体验。对有些人来说,它代表失去了你和他人之间的纽带中属于你自己的那一部分。死亡则是终极损失。

克拉拉:依旧为她的母亲悲伤

克拉拉说:"我走进屋子就会自动走到电话那边去。"

我的妈妈一年多之前去世了,我还是不敢相信,这对一个 60 岁的女人来说是不是很傻?我过去每天都给她打电话,听到她的声音以及对我问话的惯常回答,就会自己笑起来,"妈妈,我是克拉拉。你今天怎么样?"她会如此轻声细语地说:"就像一个老年女人那样呗,亲爱的。我还能有其他什么样呢?"熟悉的语言,我怎么也听不够——现在它们都和她一同消失了。

克拉拉深爱着她的母亲。这是一种可以追溯到童年的纽带——她的母亲早年丧偶,她是克拉拉从儿童到青年再到成年时期的"一切":保护人、护理人、养育人。如今,克拉拉感受到失去了这种非常特殊的纽带。

就和所有情绪一样,悲伤也分程度——开始是伤心,它可能相对短暂,或可能导致抑郁,这是一种严重的临床症状,可能会长期持续。身为人类,我们会悲伤。

悲伤可以预期,也会是失去的后遗症。它就像是发出微光或跳动的火苗,总是在那里,等待着被行将失去的暗示或刚刚发生的损失所点燃。在每一种情况下,它都感觉是一种身份被剥夺,你的一部分不再存在,这是你和另一个你所关心和深爱之人的联结。仅仅是想一下发生这样的事情,"她病得很重,我们不知道她还能不能活下来",就会让我们感觉赤身裸体、无处可藏、无力招架并不堪一击。

然后,失去真实地到来了,你感觉似乎已经穿越了河流,那是生者和死者之间的分界线。这种痛苦很强烈,能够深切体会,就像一个也许永远无法愈合的伤口。你对外界呈现着不同的面目。你可能看上去很冷静、平易近人、勇敢;或者是另外一面,你歇斯底里、失去控制或充满绝望。实际上,在此期间,我们会失去平衡,坠入悲伤的深渊,这让我们变得神经质、失眠和空虚。

悲伤、哀悼是人类的本能。人们会通过仪式赋予它意义,这种仪式让看似没有意义的事情变得有意义,包括纪念:"玛丽是这么一个美好的人。我记得那时候……""我第一次遇到约翰的时候……"它们给那些没有面目的空洞增添了表情。它现在有了质感。而那些有信仰的人可能会评论说:"他现在和上帝在一起,终于回家了。它在等着我们所有人。"

很快，悲伤这种即时的冲击转变为哀悼，就像瓢泼大雨转成了淫雨霏霏，会在人生的任何时刻浮现：一个看起来像他们的人，一部电影，一段记忆或一个梦，忽然发生了闪回。悲伤和失去——以及去世——一切都会让我们更加贴近自己。这就是意义之外的意义，带有真相的印记。

除了负面情绪之外，也有正面情绪。爱和希望就是两种正面情绪。这些情绪被称为"复位器情绪"，它们可以帮助我们应付负面情绪，是情绪活力恢复器。

爱

爱意味着依附，不同的人表现各异。虽然它通常被认为仅仅是浪漫的亲密关系，但它不止于此，而是两个人之间的纽带。你作为一个护理者，可能没有想到对于被护理人的"爱"。但不管怎样，你已经建立了一种纽带，这是爱的首要性质。你的被护理人也处于同样的位置：他们也许感受到对你的爱，也可能感受不到，但他们也已经建立了一种纽带。有可能当你们分开的时候，会想念对方。

希望

希望和爱类似，也是一种复位器和情绪活力恢复器。希望是指不管怎么样，都相信事情能解决。例如，对控制病情发展无能为力的癌症患者可能仍然会出于对医生、上帝、运气等的信心而满怀希望。抱有希望者通常是乐观主义者，他们永远会看到杯子至少还是半满的。即使你作为护理者都并不对被护理者的状况感到特别乐观，但知道你所护理的人还满怀希望，这可能有助于疗愈过程。不要低估这一点。

第十一章 关心作为护理者的你

> 每个人都在关注我的父母,但我呢?
> 什么时候轮到我?没有人关心我吗?
> ——一位护理者

不仅是被你护理的人正在老去,你也一样每一天都在经历衰老。你把自己视为护理者,这是你把自己看作是一个与众不同的人类的一部分。它可能是你预料之外的部分,但无论如何都存在着。现在你已经投身于护理者这个角色,但不要忽视至关重要的自我。

护理老人是一项全天候的工作。它可能让人筋疲力尽又耗神不已。护理者必须手法熟练地扮演多种角色,如家长、子女、护理者、雇员、雇主、配偶和修理工。雪上加霜的还有时间管理方面的问题。当所有事情都似乎同时土崩瓦解的时候,尤其会让人崩溃。

要防止你自己情绪崩溃的同时,还要面对承担护理任务的挑战、压力和回馈,关注你自己的需要至关重要。这意味着要注重你个人的脆弱性、局限性和优先关注权。不要忽视你自己的健康——尤其是在这个高度紧张的时候。否则，你会是这个乱局中的第二个患者。

护理需要双管齐下：既要照顾他人，也要照顾自己。两者都是人生体验的一部分，必不可少。关键是要保持两者之间的平衡。对于护理者来说，保持和善尤为重要，同样重要的还有保持克制、设定界限。为一位言行过激的老人提供护理，就像是一块在烤炉中的面包，两面煎熬。

艾琳：护理者

格斯是一家汽车装配厂的退休工长，他和贤惠的妻子艾琳结婚40年了，艾琳是一位家庭主妇，很会疼人，总是没日没夜地顾及所有细微之处。虽然格斯完全有能力自己取一块零食，但他总是等着艾琳来预见他的需要并递给他。如果她没那么做的话，他就发火，但艾琳从未抱怨过。退休后不久，格斯开始出现呼吸短促的症状，经诊断是充血性心力衰竭。医生给他开了药，并建议他简化日常活动，避免活动过度。格斯在安乐椅上一坐不起。艾琳成了他的忠心耿耿的护理者、保姆、管家、游戏伙伴和全能助手。

他索取无度，而她百依百顺。她无视自己的需要，忽视了自己屡次发作的消化问题，没有和朋友们谈论这个，也没去寻求专业建议，只是让自己确信只有他的需要才是第一位的。由于艾琳不间断地护理格斯，她的朋友们也不再来探望和打电话。最终，可能也是出于无奈，她聘请了一位兼职健康助理来帮忙。一天晚上，她的胃痛加剧，被紧急送进医院，发现罹患癌症晚期，时日无多。她一直不让成年子女们插手护理他们的父亲，如今他们当即坚持要她雇一位全职助理，现在要照顾的是老两口了。过了3个月，艾琳去世之后，格斯开始把护理叫作"艾琳"。

像艾琳这样百依百顺，会让你意识不到自己身上发生了什么。为了知道我们自己什么时候做得过头了，我们必须了解自己。那些看起来对你而言是环境、条件乃至实物的东西，实际上是你自己意识的产物。你和你的环境密不可分，实际上，你和你的世界是一体的。不要只看事情的"客观"表象，而要观察主观的中心——你自己、你的意识。你对事物的反应揭示了你主观生活的境况，这转而又决定了你在外部可见的世界生活。如果你要知道健康是什么，那么你必须有意识地保持健康。想要玩转人际关系，你必须了解其他人。

自　　恋

"自恋"这个词一向声名狼藉，总是被认为是错误的东西，指一个自私自利的人只关注自己。"她不关心任何事情——或任何人。她的关注重点仅仅是她所需要的事物，她不关心其他任何人。"如果一个人在年轻时候就是这样的话，那么在他老年的时候可能还是如此。"我母亲只关心她自己有多好看，"哈里特说，"如果我买了什么新东西，她从来不跟我夸它。相反，她会说：'哦，哈里特，我穿那件蓝衣服会很好看，你能给我买一件适合我的尺码的吗？'就是这么自我陶醉——她从来没变过。"但是，哈里特极度渴望从自己的母亲那里获得关爱和认可，所以总是付出，每天要去看望她两到三次，但她这份深层的需要从来没有得到满足。

自我护理

一位护理者说："我需要滋养自己，珍视和尊重自己，这就是自我护理。要记住我拥有自己，这样我才是活着的。我很好。然后我还能帮助别的人。"自我护理和自恋、自私自利或自我陶醉大相径庭。我们需要物质和精神营养以及充分的休息来恢复健康，以便为他人和自己有所付出。例如，可以在处于中风恢复期的老年女性那里看到健康的"自恋"，她们会想要梳子和口红，并说："我想给自己梳头，好看一些。并且，拜托，你能帮我戴上耳环吗——你知道，我最喜欢的那个——就在我床边的抽屉里。"这是健康的。请滋养和珍视你自己，并记住你还是有活力的。

自 我

自我是你独特的性格组合，形成了你这个人。你用这些以自己特别的方式和周围环境互动。当你遇到新的信息，你只会吸收那些适合你的性格的东西。这个独特的"你"开花成长。所有这些结合起来，让你有一种完整一体的感觉，你借此来迎接挑战，和外界打交道。自我的副产品有自我调节和自我控制和自我平衡。自我调节能力对于控制冲动来说非常重要，对健康自尊心的发展和维护至关重要。

我们的多个自我

我们有一个"真实的"自我和一个潜在的"虚假的"自我。前者是你的感觉、能力、喜好、密切关系和品位的独特组合；你的"虚假"自我会抛弃你的真实一面，如果你试图去迎合它，结果就是过分屈从。这种迎合和我们呈现给别人的公开的自我有关，是为了赢得好感、治愈心灵创伤的一种途径。这样的例子包括向别人炫耀自己的孩子，称赞他为"我亲爱的，我的天才钢琴家"，但没有外人的时候却不重视；另外如小男孩的母亲直到他4岁都不剪去他的卷发，为了向别人炫耀他是"我的美少年",同时还把他打扮成一个女孩,使他感到屈辱。

梦

如何去认识真实的自我?通过了解自己的需要、欲望、喜好和能力,并贴近自己的直觉,从而了解自我。直觉是了解真实自我的第一种途径,通常也是你最能依赖的。你还能通过自己的梦境——白日梦状态或夜晚的梦境都可以——作为关于真实自我的信息来了解它。你的梦是你日常生活中正在发生事情的具体化。一旦你用心去感觉它,就很容易解读,那是你的真实自我在和你对话。

众所周知,每个人都会做梦。你可能不记得自己的梦,为了避免遗忘,醒来时如果感觉自己做了梦,就尽力把它记录下来。你不一定需要专业人士来解读你的梦,也不必了解那些象征。梦就是梦,你生命中的一刻。至于那些象征,弗洛伊德说:"有时候,雪茄仅仅只是雪茄。"

苔丝:没有什么能阻挡她

74岁的苔丝是一位接受护理的老人,她做过膝关节置换手术,这让她暂时无法行动。以前她曾是个活跃的人,慢跑、骑车、远足,为自己这个年纪还显得年轻而得意。她说:"我在任何年纪都能跟得上任何人。"她以前确实能。手术之后,那就是另一回事了。表面上看,她并不沮丧,内心也并没有这种体会。但是在此期间,她接二连三做梦,显示了她是怎么应对的:

我每天早上醒来都筋疲力尽,梦里我一直跑着去赶飞机,但总是误机。不知怎么的,我没法跑得足够快,要么就是他们不等我。然后我意识到我可以坐巴士,同样能到那里,这可能会多花一点时间,但我还是会抵达目的地,那里景色美极了,有人这么告诉过我。当我学会解读我的梦,我意识到是膝关节置换手术让我行动缓慢，不过我还是可以到处走走，做我要做的事情，去我想去的地方。任何人、任何事情都不能阻挡我。手术当然也不能让我倒下，我还有很多年要活，还要活得精彩。

苔丝的梦揭示了她的天性以及她处理日常生活的方式。回头来看，她知道事情会好起来的。

另一方面，卡尔文看到的则是乌云，他的梦就很沉重。

克服恐惧

79岁的卡尔文退休前是一所初中的体育老师，退休后，他兼职做一些体育裁判的工作。他的髋骨一直疼痛，发作过几次，他被告知需要换髋关节，越早越好。但是，他这辈子从来没有住过院，现在也不打算打破这个记录。实际上，他是害怕了。他是这样和最好的朋友、一位曾经的学校同事说的：

我从一个噩梦中醒来。我躺在一个石棺里，就像你在博物馆里看到的那种，像一个木乃伊一样被绷带裹住。我碰了碰自己，知道没有伤口，但不管我怎么扯绷带，就是一点也扯不下来。不知道怎么回事，从它的感觉和大小我判断它就是一个石棺，我肯定会死在那里。这时候，我醒过来了，浑身大汗。呼吸困难，虽然我很高兴还活着，但我似乎没法摆脱这个梦，这给我吓坏了。

一旦他能审视这个梦境，卡尔文就明白，这是因为他害怕手术会让他完全不能自由行动、他会因此变得无助并被困住。他和那个做过髋关节手术的朋友讨论了这个梦，之后他放心了，拾起勇气去做了自己必须做的事情。一切顺利，那个梦再也没有出现。

日　记

　　有一种方法能让你更加清楚自己是什么样的人——尤其如果你现在是护理者的角色，这就是记日记。我们常常把记日记看作是小孩或青少年才做的事情。但这对于了解任何年龄的自己来说，都是一个非常有帮助的过程。它不需要长篇大论，只要每天写下一两段关于这一天过得怎么样的话。把它作为一个摘要——或是你的感觉、想法、欲望、需求和愿望。在每个月末读一读它，了解一下你所在的轨道。按一种固定的模式记录，它会揭示你的生活轨迹：一次意外、一次开心或一个新的见解。开始记录，不久你就会明白了。

内心的安宁

　　你要怎么做到并保持放松和平衡呢？一种做法是保持沉静。抽出一些时间来这么做。我们想了又想，我们分析、推测、计划、反思、计算和牵挂，奔波于一个主题到另一个主题。虽然头脑本身是一个奇迹，它也需要平静一下。只有在寂静独处的时刻，我们才会发现这个奇迹——也就是我们的头脑——是失控的。它在自己的轨道上漫无目的地超速行驶，导致了我们内在的焦虑。我们可以从自己沉重而紊乱的呼吸中意识到这一点。

　　进入平静的内心并发现真正的内在安宁需要成为护理者的一个关注点。实际上，品味这种内心安宁的甜蜜，会让你比从前更加深刻地明白这一点。它引导你进入被称为自我观察的状态，对有些人来说，是"启蒙"。这是一种全方位平和的状态——一种"天人合一"的感觉，或仅仅是"由它去吧"。

所以，在你忙碌、过于活跃、常常是狂热的日子里，抽一些时间平静下来。进到任何一个你可以安安静静待着的房间。闭上双眼，保持绝对的静止。当思绪袭来，就把它们看作是头顶的一群小鸟，正启程飞往别处，现在，世界又清净了。只有万籁俱寂，你才存在。每天都花几分钟时间这么做，最好是在同样的时间，无需设备，只需要放飞你的想法并保持其平衡，你就获得了安宁。随着这种做法越来越融进我们的生活，片刻的安宁变得更加有洞察力，它们从转瞬即逝的体验进化为你所熟悉的同伴。

一旦你学会了如何让自己平静下来，你就会想继续下去。瑜伽可能有帮助，祷告和冥想也都会奏效。要做瑜伽的话，你需要一位老师，那就参加一个瑜伽班开始练习。关于祷告，你知道该做什么。关于冥想，下面是我们找到的最有帮助的初步练习方法，简单又容易，你自己就能完成。

冥　　想

选一个安静的地方来进行冥想，如果可能的话，尽量选择同样的时间，在同样的地方。开始的时候，5到15分钟就足够，只要是持续的就可以。从放松身体的每一个部分开始，然后慢慢地深吸一口气，并用嘴快速吐气，重复3到4次。现在你已经准备好开始冥想了。选择表11.1中所示5个项目中的任何一个。

除了增强你的自我认知，你还可以采取其他一些不那么复杂的方式来舒缓你因护理带来的压力。因为我们每个人都是独一无二的，要尊重并选择最适合你的方式。虽然你的朋友和同事可能出于好意而提出各种建议和看法，但你要倾听自己内心的声音，它会告诉你什么是适合你的。记住，你可能需要随机应变，但不要放弃真实的自我。赫拉克利特

表 11.1 冥想精选

烛光冥想	凝望（不用瞪着眼睛）放置在离你至少 5 英尺（1.5 米）之外的一支蜡烛的火苗，直到你眨眼。接着，把火苗的图形、颜色和跳动都带进你的冥想当中。
Yes 冥想	慢慢做几次深呼吸，让自己放松下来。想象在一个黑色背景上出现大型白色印刷体词汇"Yes"，看它像霓虹灯一样闪烁，移向左边并消失。紧跟着这第一个"Yes"后面又来了一个小一点的"Yes"。重复进行 10 遍，每个"Yes"变得越来越小，然后逆转顺序，直到你重新看到第一个"Yes"。现在你看到一个较小的"Yes"出现，每个"Yes"变得越来越小，直到你看到原来那个"Yes"。现在，慢慢做几次深呼吸，让自己完全放松下来。
爱的冥想	闭上双眼，做一次深呼吸并放松。想象白色或粉红色的词汇"爱"。当你看着这个词，想想它对你意味着什么，接着全心去想你爱的一个人。进入爱的感觉，感受这种美妙的情绪弥漫你的全身，接着把它的中心定位于你的心脏部位。想象这种爱的能量在宇宙中传递（是的，甚至传给了你正在护理的患者），把爱的能量发送给那个人。注意并感受发生在你自己和那个人之间的积极变化。进入这种美妙的感觉，带着它慢慢睁开你的眼睛，慢慢深吸一口气，再慢慢吐气。
呼吸计数	闭上眼睛，放松身体，慢慢做几次深呼吸。吸气，听到在你的脑海里，吸入空气数"一"，吐气数"二"，再次吸气，"一"，再次吐气，"二"。如此重复 10 次，逐渐增加到 20 次。这种冥想对集中注意力妙极了。
迷你假期冥想	闭上眼睛，用你的鼻子吸气，通过嘴巴慢慢吐气。重复。现在，感觉你自己轻轻地升起来，开始旅行。在你的头脑中想象一个你比任何其他地方都想去的美丽之处：海滩、乡村或其他任何让你感觉美好的地方。看着它，感觉它。在自然的气息中呼吸。你可以在度假地想住多久就住多久。现在，深吸一口气，吐气。慢慢地，慢慢地，感觉你自己回到开始的地方。现在睁开眼睛。

说过："我们永远不会两次踏进同一条河流。"他阐释意思是，我们跨进河流的时候，自身已经改变了很多，同样，河流也在随时改变。

因此，随着护理强度的提高、下降或平稳，你也会经历坎坷。但是，所有这些都有着非常积极而又实用的一面。改变会教给你很多关于人生和自己能力的东西，而以前你可能从未学会过。

获得的角度：找到平衡

并不是你需要做的所有事情都是复杂、昂贵、累人或不可能实现的。首先要记住就是你只能做那些你能做的事情。多面手很难做，你需要在家庭、职业、被护理者和自己之间找到平衡。

你能做的事情是有限的。你无法在任何时候都能做对一切事情。你所护理的人可能存在着你无法控制的医疗状况。例如，虽然你无法阻止癌细胞扩散，但你可以改善被护理者的生活质量，比如通过营造一个舒适的环境，加上病痛管理、健康营养和社交刺激。接受局限性并处理好它们，你的癌症患者可能想要享受一些户外时光，坐着轮椅去看看他的花园，虽然这对你来说没什么大不了，但这可能是让患者重新焕发活力的插曲。要重视小小的胜利。

在这个压力大增的时刻，也不要忽视你自己的健康问题。即使你想为被护理人竭尽全力，也需要做好一些避免自己变成第二个患者的事情。规律你的饮食、运动和用药时间；获得足够的睡眠和休息；和你的社交圈子保持联系；做一些能帮助你放松的事情，并花点时间娱乐；不要忘了留意你的情绪指标。

你的情绪健康

诸如焦虑、内疚或生气这样的情绪会外溢吗？你感觉压抑吗？这些感觉会妨碍你的日常生活吗？比如你的人际关系、工作、睡眠、食欲、健康和你的效率？如果是这样的话，就要注意了。并没有"灵丹妙药"能缓解护理给你带来的压力，并且还有可能会产生严重抑郁和焦虑等症状，这时候需要加以应对，如咨询、就医、自然或替代疗法、改变生活方式，或综合各种手段。在感觉透支的时候，你可能需要向专业人士咨询。

还有一些额外的选择。支持性团体——由同伴或专业人士牵头的护理者聚会能提供实际经验的分享，并可以让你在一个"安全的"环境中倾吐自己的感觉。要想找到支持性团体的信息，联系老年人护理或具体病症组织的本地办公室是个不错的方法，比如阿尔茨海默病协会或癌症护理协会。如果你不喜欢参加集体活动，也可以寻求个人咨询，比如联系你的医生或教会成员。

减　压

花一些时间来考虑如何让自己减压。用你的自我意识来指导自己，让自己变得轻松一些。寻求帮助是很有意义的，比如你可以尝试做以下事情：雇一位家庭健康助理；请一位兄弟姊妹或亲戚来参与；使用额外的服务，比如成人日托健康护理；做一次临时缓解安置，或任意组合使用以上这些方法。当你感到负担过重的时候，你可能连上述事情都不想做，你受够了。

如果你的确如此，这里有另一个选项，雇一位专业的老年护理经理。一位老年护理经理能与你以及你的全家一起合作，为你的年迈亲人提供一份订制的最佳护理方案。护理经理能做以下事情来缓解你的负担：

・对老年人进行评估，以确定他的个人需求，并制订一份护理方案；

・安排居家助理，也就是说，对居家助理进行面试和挑选，把居家助理所掌握的技能与被护理者的需求进行仔细匹配；

・确保申请人是可信、可靠、适当筛选和培训过的；

・通过定期电话联络以及定期或不定期的探望对居家助理进行持续性监督；

・采购耐用医疗设备、尿布、营养补充品和服装等物资；

・协调和安排所有必要的护理服务；

・提供推荐服务，比如推荐成人日托健康护理、全科医生、牙医、实验室、营养师、美容师、理疗师和顾问；

・陪同被护理者前往预约的地点，如医院等；

・找到安置机构，比如最适合被护理者的需求和生活方式的辅助生活机构和养老院；

・帮助从家庭到机构的过渡；

・监督安置后的护理；

・和其他涉及的专业人士合作，比如医生、律师、会计师和财务规划师。

只要有需求，护理经理会一直和你合作，无论需求强度如何变化。

留一些时间给自己

每个人都需要一些时间远离护理的压力和紧张。也许你应该去发现放下工作会有什么好处——休假、学术假、探亲假——看看当事情已经焦头烂额的时候，你是否能放空一段时间。

例如，玛格达，作为唯一的子女，不停接到关于她母亲健康情况时好时坏，以及她在养老院和医院（或是康复中心、养老院、精神病房）之间来回折腾、然后又回到养老院的"恐慌电话"。虽然玛格达已经把她母亲安置在一家养老院，但那里并没有让她得到在居家护理时所渴望的轻松。

安置后不久，她母亲的情况变得不稳定，玛格达选择尽可能多地去那里陪她。不久后，玛格达开始担心如果继续这么做是否还能保住自己的全职工作。在寻找解决方案时，她高兴又意外地发现，她的雇主允许她按小时休"探亲假"，这样她就能在需要的时候零敲碎打地使用她的病假、年休假和探亲假。了解你的选项可以给你带来更多自由。

苏珊也已经把她的母亲安置到一家养老机构，她并没有经历情况的突然变化，但却发现她自己想要经常去探望，每周至少三次，"去和我无助的母亲一起在那里"。在理智上，她知道安置是合适的，但情感上，她又很不安、内疚和矛盾。她已经退休了，但她的丈夫沃尔特已经70岁了，还几乎"全速"维持着他的咨询业务。沃尔特很替苏珊着想，对这种情况并不开心。他们的女儿艾比住的地方距离他们隔着两个州，艾比有一个14个月大的女婴，这是他们第一个也是唯一的孙辈。由于繁重的老年人护理责任，他们在她出生后几个月都没怎么去看过她。

当他们意识到自己已经错过很多时，决心每个月花一个长周末和女儿、外孙女以及女婿团聚。这个小型度假给了他们所需要的"提升"，他们也喜欢看着这个孩子茁壮成长。

维持你的社交关系

你的家人并不仅仅包括你的原生家庭成员，还包括你的配偶或伴侣、子女、孙辈以及其他跟你亲近的家庭成员和朋友。一位丈夫这样说：

我一直很爱我的岳母，理解我妻子对她的投入。但自从我的妻子开始护理我的岳母之后，她就没什么时间留给我了，我们几乎没有性生活。她太累了。我一直在照顾孩子们和做饭，因为她几乎没有时间回家。我感觉很失落和被忽视，我担心这会对我们的婚姻和孩子们有影响。这还要继续多久？

要解决这个问题，就必须重新调整平衡。这位护理者必须看看自己的家庭生活和她的个人生活所发生的变化，重新考虑一下她的优先事项。也许现在是她要求自己的兄弟姊妹来分担责任的时候了，要坚持说她"不再能独自承受"。关键是要看到事情的全貌。

分担责任

也许你是被指定的主要护理者，但那并不意味着你只能是唯一的那个。家庭是个集合体，需要每个家庭成员进行团队协作。正如一个成功的企业要依赖团队，所以脆弱的老年人也应该依赖高效的家庭团队来提供护理和保护。在这种时候，往日的纷争都无关紧要，眼下的问题是什么事才是重要的。主要护理者需要接受来自家人、朋友、邻居和专业人士的帮助。

提出具体的要求。护理是一项庞大的工作，主要护理者不要不好意思或不愿意向其他家庭成员、朋友和邻居提出帮助，具体向他们说明你需要什么。不要说"你都不帮我"，这会被别人理解成指责，甚至也不要说"你能帮我一段时间吗"，这太笼统了。把你需要什么说得清晰而直接。"你能在周日2点到4点照看一下妈妈吗？这样我能继续去上有氧健身课。"或者，像罹患阿尔茨海默病并想要参与一项研究的多萝西的例子那样，她的媳妇卡罗尔询问了一位有小汽车并且目前不上班的邻居，请她在接下来2个月中，每周带多萝西去就诊一次。如果被你护理的人住在养老院，就要鼓励其他人来探望，并利用他们的探望时间，让自己空下来得以去做其他事情——如果是住院，也是类似。

减轻负担

重新设定你的期望值。你不是非要按照你以往惯常采用的方式做任何事情。一位护理者说："我过去总想把事情做完美,但现在我发现只要够好就可以了。"可以通过邮寄订购常规处方药,并在医疗保险允许的范围内买够用几个月的药品。同样,对于营养补充品、失禁用品和医药用品,可以通过电话或网络下单,让他们送上门。如果被护理者待在家里但需要经常做化疗,或者需要定时做血液透析时,可以要求医生推荐一个可以提供上门医疗的机构,有些机构会提供类似服务。还有让人高兴的是,有一些医生也会提供上门服务,甚至还有"流动"牙医。并且,如果你提出要求的话,牧师和教会召集人也能来家庭访问。

享受闲暇爱好

闲暇是旁观者的看法。虽然园艺对有些人来说很有乐趣,对其他一些人则勉为其难。问题在于,如果你是一个园艺爱好者,那就想办法继续。同样的,如果你一直是个阅读爱好者,就找一些时间去读书。如果被你护理的人不再能阅读的话,你可以选择读给他们听。你家中的孩子或许也很喜欢为老人大声朗读书籍,而且附带的好处是,祖孙之间的关系会越来越近。

在你自己身上花一些精力和时间。对有些人来说,诸如慢跑、游泳、散步或瑜伽这样的体育锻炼是他们的乐趣。但对其他人来说,按摩、美容、泡澡和打盹会让他们补充能量并焕发精神。音乐、舞蹈和戏剧也可以列入你的选择列表中。

保持冷静

你期望着家庭健康助理或你的兄弟姊妹每次都准时到来,但并不一定总是这样。他们的家庭出现意外状况了,堵车了,都有可能会影响你的计划。但愿他们能提前打电话通知你，如果没有的话，也不要勃然大怒。做一个深呼吸，从整体上来评估一下局面。如果这个人通常还是很有用的，你也想要继续得到他们的帮忙，那就大度一些，你们都会好起来的。或者，如果你的家庭助理做饭不如你做得那么好，可以尝试给他们一些具体指导，简化菜单或使用更多加工好的食品。再说一遍：从大局出发。他们真正是来干什么的——为了美食还是为了被护理者的康乐和安全？

临时护理

你也可以把你需要的"暂停"和被护理者的"暂停"（暂缓）相结合。养老院、辅助生活机构、特殊群体之家或其他类似场所可以提供临时居住，这通常要提前预约。一般可以住上几天到一个月。当护理者需要进行非急需的手术或正常安排的度假时；或是家人们需要去外地出席婚礼、毕业典礼时，就可以考虑使用这种暂缓服务。查询一下本地可供的服务，可能会有上门服务的形式，通过临时的24小时居家助理来实现。

虽然有些家庭能够自费支付暂缓服务，但大多数家庭可能需要寻求替代性的资金保障。在有些州，这可能包括在Medicaid医疗补助受益人的福利之内。州政府资助的残障项目也可能会覆盖暂缓服务的费用，一些分类疾病协会也可能提供帮助，比如有些地区的阿尔茨海默病协会。临终关怀项目也提供暂缓服务。有些长期护理保险的保单条款也含有暂缓福利。

在马修的例子中，这位律师因为中风而丧失能力，他的妻子海伦选择雇一位居家健康助理到家里来一段时间，这样她可以去参加已经安排好的高尔夫球赛。或者，也发生过海伦想在冬天花几天时间去探望住在南方的童年好友格雷琴。她同样可以在自己出门的时候安排一位家庭健康助理住到家里来照顾马修。

成人日托健康项目（也称为"医疗日托"）是一个良好的资源，为护理者提供暂缓服务，还为脆弱的老年人们提供社交、营养餐、用药管理、护理管理、康复和交通等服务项目。日托健康项目可以是自费的，或由长期护理保险项目支付。对于资金有限的被护理者，诸如 Medicaid 医疗补助一类的福利可以用来支付日托健康项目。一个良好的信息来源是当地的老年办公室。另一个可以去查找的资源是那些为符合资格的人提供的退伍军人福利，每周可以参加 2 至 5 天不等。在护理者压力大或生病期间，参加的天数可以临时增加。日托项目对需要上班的护理者来说很有价值。

自我护理是一个负责任的举动

自我护理是一个健康而又有价值的过程，如今正被广泛讨论。许多护理者挣扎于对他们自身的自我护理的矛盾和阻碍，不愿意为自己提供他们曾同样施予别人的理解和护理。然而，实际上，自我护理可能是你所做的最重要的事情，不仅是为了你自己，还为了被你护理的人。无疑，自我护理是一个负责任的举动——对所有牵涉到护理他人的人们来说都是如此。你需要恢复、滋养和平衡，以便成为一名高效而健康的护理者，并保持这个状态。

第十二章 解开谜团的入门读本

护理者忽然之间面临要学习一门"外语"：照顾老年人的语言。我们读着这些术语。它是什么意思？Medicare 医疗保险、Medicaid 医疗补助——它们是相同的还是不同的？居家护理、临终关怀——谁能向我解释一下它们的意义？以下是我们总结出的一份术语表，以便理解与老年护理相关的名词。

术 语 表

日常活动（Activities of Daily Living，ADL）

日常活动，是指维持每日日常生活的部分。它们包括洗澡、穿衣、如厕、移动、行走和进食。一个人的技能水平通过他们执行这些功能的能力来衡量。这些通常是判断是否有资格享有养老院安置、社区 Medicaid 医疗补助的服务和长期护理保险福利的标准的重要部分。

预先指示（Advance Directives）

个人有权表达他们关于限制或放弃维持生命的医学治疗的价值观和偏好。生前遗嘱和持久授权书是预先指示的两种常见形式。生前遗嘱陈述了个人关于未来健康护理决定的意愿。而持久授权书则是个人指定一位代理人（有时候被称为"医疗保健代理人"）在他们缺乏决策能力的时候替他们作出治疗决定。虽然预先指示在大多数州都得到承认，但因州而异，尤其是在涉及人工喂食和人工补液等护理时。

年龄歧视

年龄歧视是仅仅因为年龄而对人们产生偏见的一种形式。比如一些对老人的刻板印象——失去吸引力、体力和脑力的下降、失去性欲和性能力。不幸的事，年龄歧视在我们的文化中根深蒂固，部分原因是对工作和资源的代际竞争的结果。由于这个污名，老年人容易试图隐瞒他们的年龄并尽可能随大流。而且讽刺的是，老年人本身就容易对他们自己和其他老年人持有负面态度。

辅助生活机构

辅助生活机构是带有服务的住所。它不像养老院那样为每个住户提供一系列服务。辅助生活机构里的住户能够只选择并支付他们需要的服务。通常，老年人住在一个套间或小公寓里，有的合住，有的单住，接受一个基本服务套餐，包括打扫房间、餐食、护理监管、活动和本地交通。还可以购买额外服务，包括用药管理、个人护理辅助、身体护理服务。居民可以带自己的家具和汽车来辅助生活机构。

有些辅助生活机构设有供阿尔茨海默病患者居住的专门单元，他们在环境特色、所提供的服务、员工培训和费用上不尽相同。一般来说辅助生活机构需要自费；但在有的地区，Medicaid 医疗补助可以提供支持。同时，许多长期护理保险可以涵盖这项护理费用。

崩溃

崩溃是护工和家庭护理者长期在极大压力环境下工作而出现的消极

后果。它影响着服务态度和表现，导致护理质量下降。

不间断护理型退休社区（CCRC）

不间断护理型退休社区为其住户提供住房和不同程度的"终身护理"。它通常设立在一个封闭式的社区内，服务包括独立生活、辅助生活、健康监控、居家护理、养老院护理乃至专门的阿海茨海默病护理。有些社区有自己的医疗职员和诊所。虽然有些不间断护理型退休社区很高端，但也有一些较为中档的。这里通常需要收取一笔入场费（接收费），此外还有常规的月费。居民能够在一个熟悉而舒适的社区里获得一系列护理；同时，随着护理需要的增加，他们的月费并不一定会上涨——这就避免了长期护理费用对资产可能造成的灾难性的损耗。之所以能这样，是因为大笔的入场费有时会被用来投资以补贴运营，使较低的月费成为可能。许多不间断护理退休社区现在提供多种付款选项，即入场费、月费和额外费用有多样化的安排方式。

监管式护理

监管式护理包括监督并帮助日常活动，如洗澡、穿衣、进食、如厕、行走和其他日常任务。这些服务需求通常是持续性的，是一些帮助老年人维持日常生活的护理。这些服务可以由家庭健康助理在家中提供，也可以由通过认证的护理助理在养老院提供，或由私人护理工作人员在辅助生活机构中提供。监管式护理可以通过 Medicaid 医疗补助、退伍军人福利以及长期护理保险或老人本人或其家庭来支付。

精神错乱

精神错乱是一种急性的精神变化，常常表现为突如其来的严重混乱、意识和注意力波动，甚至出现幻觉。它通常和一些潜在疾病有关，比如感染、脱水、药物反应或手术后遗症，影响着许多社区里的和住院中的老人，尤其是那些有失智症状的人。精神错乱可能会危及生命，需要及时的医疗介入。

失智（症）

失智是记忆力和其他智力功能所发生的一种渐进式衰退，足以严重到影响日常功能，并引起日常活动和行为的相关衰退，以及性格和情绪的变化。这些衰退表示了相较于以前功能水平所发生的改变。虽然失智可能是由多种情况导致的，但阿尔茨海默病在老年人当中最为常见。虽然所有患有阿尔茨海默病的个体都有失智症状，但并不是所有存在失智症状的个体都一定患有阿尔茨海默病。

抑郁

抑郁是一种精神疾病，症状可能包括情绪低落、缺乏兴趣、没有精力、失去食欲、疼痛，还有睡眠模式改变、过度关注自己的健康状况，以及感觉无望和没有价值。一个致命的后果就是自杀。抑郁可能会表现为有失智症状，或与失智症状同时发生。

不施行心肺复苏术（DNR）

不施行心肺复苏术是指在一些从医学角度衡量并不合适心肺复苏术的病例中，当发生心脏或呼吸停止时，医生下令不要尝试用心肺复苏术进行抢救。在医疗护理机构中，这个指令按照患者或其代理人的愿望制订，并收录在医疗记录当中。患者、代理人或医生可以随时撤销它。在一些法律允许这样做的地区，接受居家护理的老人也可以做出不施行心肺复苏术的决定，他们填好一份专用表格并签名，医生同时也要签名，然后将它明确地公布给所有紧急医疗服务人员。

权利

权利是所有达到合格标准的个体都能得到的好处。Medicare 医疗保险、Medicaid 医疗补助和退伍军人福利都是例子。

居家健康护理

不管是因为疾病、体弱或两者兼而有之，很多老年人都需要在他们家人、朋友和邻居所提供的非正式护理之外获得护理和帮助。有些服务需要可能是暂时的，也可以是长期的。虽然这些服务在养老院和其他机构都能得到，但大多数老年人更愿意在他们自己舒适的家里得到所需的帮助。居家健康护理包括熟练护理服务和监管式护理。支付来源包括自费、Medicare 医疗保险和其他的医疗保险、长期护理保险、退伍军人福利和 Medicaid 医疗补助，这些权利和保险项目有它们自己的标准。老年人通常都非常倾向于居家护理，假定这些费用都由他们自己出他们也会愿意。

临终关怀

临终关怀一般面向那些处于疾病末期、预计寿命不到 6 个月的人，提供全面的保守疗法护理和支持服务，包括为患者家属提供丧亲咨询。临终关怀的患者不接受激进的生命维持治疗，比如抗生素、心肺复苏术（CPR）、人工营养和补液护理，但是，疼痛管理享有高度优先权。临终关怀的患者通常在家中得到护理，但也有一些住在辅助生活机构和养老院里。临终关怀是 Medicare 医疗保险 A 部分所覆盖的福利。虽然临终关怀的患者选择放弃 Medicare 医疗保险支付其他服务来治疗末期疾病，但 Medicare 医疗保险会支付临终关怀和其他相关医生的费用，并会继续支付任何与末期疾病无关的服务。私人保险和退伍军人福利也会支付临终关怀的费用。

知情同意书

只有当患者或其代理人已经得到关于一项医学治疗或研究的性质、风险、好处和替代方案的详细说明后，才能给出医学治疗知情同意书。

生前遗嘱

生前遗嘱是一份文件，表达了个人对将来医疗护理的愿望，可能包括支持或反对生命维持或侵入式手段以及人工营养和补液护理的信息。这可以是一份单独文件或并入医疗护理持久授权书。其格式和规则在各州有所不同，患者计划搬到另一个州时，应及时咨询，以求更准确的信息。此外，这份文件应该得到定期复核，以确保它和患者的当前愿望一致。

长期护理

长期护理指的是为了帮助一个人尽可能功能正常而提供的持续性的健康和个人护理服务。很多人会自动地把长期护理和"养老院"联系起来。虽然长期护理包括养老院护理，但它还包括辅助生活和一系列基于家庭和社区的护理。为老年人提供的服务在形式和持续时间上都有不同，每个人的需求也可能随着时间而改变。虽然任何年龄的患病和残障人士都可能需要长期护理服务，但最大的用户群体还是脆弱的老年人。

长期护理保险

长期护理保险不同于其他的医疗保险和寿险。假如你需要长期护理，一份长期护理保单就能提供保障。通常，这些私人保单是返还式计划，为一个确定数量的时间内获得的护理支付一定数量的金额——例如，每天100美元，最多5年。长期护理保单提供的福利和保费各有不同。一般来说，你投保的时候越年轻，你的保费就越低。长期护理保险并不一定适合每个人，但应该把它列入总体财务规划中综合考虑。

Medicaid 医疗补助

Medicaid 医疗补助成立于1965年，由美国联邦政府和州政府联合资助。Medicaid 医疗补助针对低收入人群，是一个安全网项目，支持为所有人提供健康和长期护理服务的基础设施。在 Medicaid 医疗补助中，将确保低收入和低资产家庭中的老年人、残障人士和儿童可以获得医疗和养老院护理。

Medicaid 医疗补助的资格需要一次"经济情况调查",也就是说,申请人除了医疗需要之外,还必须满足收入和资产要求。各州的项目之间有巨大差异。Medicaid 医疗补助的老年护理资金有四分之三输送给了机构护理,不过它也可能含有一些资金用在基于家庭和社区的老年人服务上,比如居家护理和成人日托健康护理项目,以作为养老院护理的替代品。总而言之,47% 的养老院费用是经由 Medicaid 医疗补助来支付的。对于老年人来说,Medicaid 医疗补助的福利是在 Medicare 医疗保险之外提供的。

Medicare 医疗保险

Medicare 医疗保险是联邦政府出资为 65 岁以上符合社会保障(Social Security)退休福利的美国人、65 岁以下的残疾人或有晚期肾病的美国人所提供的医疗保险。医院福利(A 部分)免费向所有合格人士提供。医疗服务机构的福利(B 部分)是可选项,每个月缴纳保费可以获得。D 部分覆盖处方药费用,是 2006 年的新项目,也是可选项,需要单独加入并每月支付保费。虽然 Medicare 医疗保险提供了非常有价值的保险范围,但还存在缺口。其中诸如免赔额和自付费这些缺口可以通过 Medigap 医疗补充保险来补足。该项目中的最大缺口之一是长期养老院护理的费用,Medicare 医疗保险只对此提供非常短期的偿付,且要在至少入院 3 天之后、并满足其他一些具体条件。Medigap 医疗补充保险不会偿付任何多于 Medicare 医疗保险所覆盖的长期护理费用。

Medigap 医疗补充保险

加入 Medicare 医疗保险的人可以从私营保险公司那里购买补充性保

险，以支付 Medicare 医疗保险的缺口，比如免赔额和自付费部分。虽然保单各有不同，但它们通常都需要支付单独的保费。只要持续支付保费，就可以一直续约。Medigap 医疗补充保险的保单是标准化的，必须遵守联邦和各州法律。要购买一份 Medigap 医疗补充保险，个人的初始 Medicare 医疗保险里必须同时含有 A 部分和 B 部分。

养老院

养老院为那些通常有多种慢性病症、在日常生活中有障碍、无法在家护理自己或无法留在家中的人提供医疗护理、护理、监管和私人护理服务。养老院住户中有大约 10% 的人年龄在 65 岁以下。在年龄超过 65 岁的人当中，大多数都超过了 80 岁。养老院住户中大多数存在认知问题。

暂缓

需要"暂缓"实质上意味着护理者已经筋疲力尽了。要解决这个问题，可以把被护理者临时安置到一家养老院、辅助生活机构或聘请临时的 24 小时助手，使护理者能从护理责任中脱离出来进行休息——可以是一次度假、一场家庭聚会、一次家里的急事、非急需的手术或仅仅是休息一段时间。老年人可以在成人日托健康中心参加日托项目，这里会为其提供社交、餐饮、活动、用药管理和交通等服务，这可以让护理者缓口气，尤其是那些还需要上班的护理者。

反向抵押贷款

反向抵押贷款是一种向 62 岁以上全体提供的贷款，使他们能够凭借家中的资产借钱。这种贷款比较特别，因为它并不需要他们按月还款，而是把贷款和累积利息的偿还推迟到借款人搬家、出售房子或去世。虽然反向抵押贷款并不是为所有人准备的，但它也可以作为补充退休收入的一种手段。

减少资产（Spend Down）

虽然每个州的 Medicaid 医疗补助的财务合格标准都不一样，但所有项目都有收入和资产范围的限制。符合这个资产范围是这个过程中最为困难的部分。如果你的资产高于这个范围，你可以转移、重组你的资产，需要注意的是，在申请 Medicaid 医疗补助之前，你要在持续的一段时间内保持资产范围符合要求。或者，你必须花掉一些积蓄，以降低到你所在州所允许的范围。某些资产可以从这些限制中豁免，比如家庭用品、一辆小汽车、一块墓地和一小笔葬丧资金，以及非常有限的资金，不过这些在各州都不一样。在大多数州，主要居住场所可以豁免，只要一位配偶或被抚养者还住在里面；但是，有些州会对该地产实施抵押。要认识到 Medicaid 医疗补助的政策随时有调整的风险，因为政策制定者会因为预算紧张而削减补助资金。因此，向你的亲人所在地区的专家进行咨询，以了解最新规则，不失为明智之举。

关于作者

米里亚姆·K. 阿伦森（Miriam K. Aronson） 教育学博士，美国国家阿尔茨海默病协会创始人之一，也是阿尔茨海默病协会教育和公众意识委员会的创始主席。阿伦森博士是一位社会老年病学家，已经在专业期刊上撰写或合著了多篇经过同行评议的作品，参与写作多本书籍，并主编了3本书，包括《重塑失智护理：长期护理的实践和政策》(*Reshaping Dementia Care: Practice and Policy in Long-Term Care*)，该书获得美国国家护理协会年度图书奖。她还在世界各地举办过200多场讲座和报告。她和个人、家庭以及老年护理机构广泛合作，在护理流程方面为他们提供指导。阿伦森博士是阿尔伯特·爱因斯坦医学院的一位临床医学教师，也是美国老年医学协会和美国行为精神病学会的会员。

玛塞拉·巴库尔·韦纳（Marcella Bakur Weiner） 哲学博士，美国心理学协会会员、媒体部门的活跃成员。韦纳博士长期受邀参加美国各主要电视台的专题栏目，并接受过《纽约时报》《纽约邮报》《每日新闻》，以及黄金时段广播节目、流行杂志和报纸的专访。同时她还主持自己的电台脱口秀栏目。她撰写或与人合著了20种图书和75篇文章。她的第一本书《和老年人协作》(*Working with the Aged*, 1979)被认为是该领域的先锋之作。她是美国老年医学协会的会员，也是一名执业精神治疗师，在她执业的过程中，持续关注老年人及他们家庭养老问题。韦纳博士还是玛丽蒙特曼哈顿学院的客座教授，教授与老年人及家庭关系相关的课程。